戦争はいつでも同じ

Rat je svugdje isti by Slavenka Drakulić

スラヴェンカ・ドラクリッチ 著
栃井裕美 訳

人文書院

序文

新しい戦争はタイムマシンに乗って

本書はクロアチア人にとって言わずと知れたとある戦争、つまり一九九〇年代のユーゴスラヴィア紛争に関して書かれたエッセイ集である。

戦争は繰り返す。あれから三〇年あまりの星霜を経た二〇二二年二月二四日、ロシアはウクライナの首都キーウに向けて大軍を派遣し、ヨーロッパは再び新しい戦争に巻き込まれる事態となった。昔の戦争を忘れかけていた私たちは、ウクライナでの出来事から、自分たちの往年の姿に直面せざるを得なくなった。この書がかつての戦争にとどまらず戦争一般についての考察となり、まさに現在世に問う所以ともなった。

ウクライナの戦争は、当然ながらユーゴスラヴィア紛争(1)の記憶をよみがえらせ、目前の状況

(1) 一九九一年から二〇〇一年のあいだ、ユーゴスラヴィア解体の過程で起こった一連の内戦。民族紛争の強い様相を現しながら泥沼化、とりわけ民族の混住地帯ボスニア・ヘルツェゴヴィナやクロアチア東部では凄惨な民族浄化が行われた。(以下注はすべて訳者による訳注である)

との比較を促した。

戦争が人間に起こりうる最悪の不幸の一つである限り、人々は戦争を一刻も早く忘れたいとは思っている。第二次大戦期に武器を取ってファシストと戦った父、そしてイタリアが国境の小さな村を占領したときほんの少女だった母が、まるで記憶を無くしたかのように過去を決して語りはしなかった理由を私は自問した。一九九一年から一九九五年のユーゴスラヴィアの戦争を経験した私たちの世代も、戦争について自分では分かっているつもりではいる。私自身は最悪の現場を経験したわけでもないものの、戦争の惹起された破滅的状況から、誰一人として逃れることは不可能である。

人は自らの経験を現実には忘れられないとすれば、ただ記憶を忘却の彼方へと押しやるために心を抑圧するだけに過ぎない。何しろあの戦争はテレビ画面の映像や新聞の文章、写真、どこかで誰かから聞いた話ではなかったのだ。私が自分自身の記憶の抑圧に気がついたのは、ウクライナ戦争勃発直後、『インデックス・オン・センサーシップ』（*Index on Censorship*）の編集者から連絡があり、記念号（二〇二二年夏）に記事を書いてほしいと頼まれたときである。編集者はウクライナ戦争について「ボスニア・ヘルツェゴヴィナでの戦争に際し三〇年前掲載したような物語」を執筆するように慫慂《しょうよう》し、一九九三年に私の書いた「死のクローズアップ」を送ってきたのであった。

その文章には、自宅でラマダン明けのパイを食べているときに砲弾を浴び、命を落とした女の子の話が書かれていた。私は父親の白いセーターについた生々しい血痕や、母親の嘆きの物語に目を通し、そして再び読み返した。しかし私には、この記事を自分で書いた記憶も読んだ記憶もなかった。パソコンの画面上に映し出されたこのドラマチックな物語を忘れていたばかりか、執筆のきっかけとなった出来事自体でさえも覚えていないなんて一体どうしたことかと唖然とせざるを得なかった。

と同時に自分に起こった記憶の忘却や抑圧が、社会に蔓延するそれと一致していると気づいたのだった。いわば昨日の出来事であったはずの新生クロアチア国家の基礎となった戦争は、忘却される反面、この三〇年で象徴的な儀式や神話化された口頭伝承に変形されていった。そもそもかつての社会主義の時代と同様、個人的な記憶とまったく一致しない正史など、いくばくの真実が含まれているのだろうか。

かくて私は、本書をクロアチアで出版すべき二点の理由を見出した。

第一に、まさに過去の抑圧された記憶のためである。記憶の抑圧を許す限り、祖国に起こった戦争に関する私たち自身の真実との対峙は起こり得ない。そうやって生きていく方がストレスもなく、自分の責任、協調性や臆病さについて考える必要もない。しかし真実の究明どころか、数多くの戦犯裁判も進捗せず、近隣諸国との関係正常化も未だしの状況は不幸でなくて何であろう。剰《あまつさ》え真実と過去の隠蔽の上に、日常的にナショナリズムを感情的に政治利用する類の政治がのさばり続けている状況だ。若い世代は家庭や学校で耳にする以外にあの戦争が何であったかを知る機会もなく、大学の卒業生を対象とした調査の示すように、親の世代の偏見は年々繰り返されているばかりである。大学卒業生の約三分の一はＮＤＨ(2)がファシストの創造

(2) Nezavisna Država Hrvatska　クロアチア独立国。

物であり、Za《ザ》 dom《ドム》 spremni《スプレムニ》[3]がウスタシャ[4]の敬礼であった事実さえも知らない。一九八〇年代生まれの親世代にとって、ユーゴスラヴィアでの生活は「人民の牢獄」のごときイメージであったが、子の世代もまったく同じように踏襲するのみなのだ。

　今一つは、本書はクロアチアの読者にとって過去の紛争が記された古びた記録に留まらず、目の前で展開されているウクライナ戦争をも含め――過去であれ未来であれ――他のあらゆる戦争に関する考察ともなるからである。先述のように、「死のクローズアップ」の再読をきっかけとして、あえて記憶から消し去るべく抑圧していた自分で書いたはずのエッセイ一連について思いをめぐらせる機会を持った。クロアチア以外の外国メディアに発表した文章だけでなく、戦争をテーマとした三冊の本（『バルカン・エクスプレス』[5]、『私が存在しないかのように』[6]、『彼らは虫も殺せない』[7]）からもいくつかの文章を再録した。二〇〇八年から休刊中のスプリットの週刊誌『フェラル・トリビューン』（*Feral Tribune*）に掲載された数点を除いては、一九九三年から二〇〇三年までは諸事情により「クロアチアの」国内メディアに寄稿していない。

　保存していたファイルを開いてみると、確かにかつて執筆した文章が発行日順に整然と並べられていた。その一覧は随分前に書かれたたまま、次から次へと連なっていて、そのひとつひとつが他の物語よりも痛ましかった――まるで救済の祈りを誘うロザリオのごとく。それから私はロザリオの数珠を数えるように、文章を一つずつ読み始めたのである。それからの数日間というもの、まるで心理療法さながらで、やらなければならないと分かっていてもなかなか着手できず、一歩進むごとに新たなトラウマが浮かび上がってくる……。一覧にある短編「決して届くことのなかった救いの手」の番になるまでは、総じて耐えるしかなかった。文章を読んでいるうちに、私は脱力感に苛まれ、やがて心身ともに疲れ果ててしまった。私のエッセイストとしてのプロフェッショナリズムは、己の内なる感情によって打ち負かされたのである。別言すると自分が書いたはずの一連の物語は、私の目の前に初めて読むかのごとく立ち現れたのだ。物語の奥深く追いやられていた潜在意識も、膨大な苦痛を伴って蘇ってきた。「決して届くことのなかった救いの手」の母親とシンクロした私は、母として、あの日息子を助けに駆けつけられなかったのだった。息のない子どもを両腕に抱え、悲観に暮れる母親の写真が最も典型的な戦争のモチーフとなるのは無理も無かろう。

私は『インデックス・オン・センサーシップ』の編集者に、自分の故郷を去らねばならぬ、難民となった少女の物語を提案した。ウクライナでの新たな戦争を取り上げるのは私にとって容易だったし、編集者の言う、かつて執筆した「死のクローズアップ」で取り上げたボシュニャク人の女の子も、今日のウクライナで爆撃を受けて落命したとしてもおかしくはないという言葉も心底理解できたのだから。

（3）「備えよ、故郷のために」の意。クロアチア民族主義者のスローガン。
（4）Ustaša　クロアチアのファシスト集団。一九三〇年、クロアチア民族国家の樹立を政治目標として結成。第二次世界大戦時にはナチスの傀儡国家「クロアチア独立国」で政権を担い、セルビア人やユダヤ人などに対し虐殺を行った。
（5）Slavenka Drakulić, *The Balkan Express*, W.W. Norton, 1993. なお、邦訳は、スラヴェンカ・ドラクリッチ『バルカン・エクスプレス』三谷恵子訳、三省堂、一九九五年。
（6）Slavenka Drakulić, *Kao da me nema*, Split: Feral Tribune, 1999.
（7）Slavenka Drakulić, *Oni ne bi ni mrava zgazili*, Split: Feral Tribune, 2003.

私はロシアの砲撃で破壊されたブチャの写真を眺めていた。女性が倒れ、手は半分土に埋もれている。死体の側にはEUと書かれた水色のキーホルダーが、失われたヨーロッパの夢のごとく打ち捨てられている。これはウクライナで撮られた光景——だが、この写真は一九九三年のサラエヴォで撮られたと言っても決しておかしくはない。

破壊と死のイメージは互換性を有している。

これは私自身の経験に照らしても然りであり、おそらくヨーロッパ世論の反応も同じであろう。とは言え、なぜかつてのボスニア、グルジア［ジョージア］やチェチェンのような残酷で容赦ない戦争が目前のヨーロッパで起きたのだろうか。この手の戦争はもう起こり得ないと信じて育った世代は、ブチャで起こった戦争犯罪、難民、そして大量のレイプなど理解しようにも限度を超えてしまっているに相違ない。

その意味で、現在のウクライナの戦争は、過去へ連れて行ってくれるタイムマシンかもしれない。

およそ二〇回の戦争を経験した、アメリカの戦場記者マーサ・ゲルホーンの『戦争の顔』（*The Face of War*）という本も、私にタイムマシンを想起させた。ゲルホーンが描くスペイン内戦の苦悩に彩られた風景は、第二次世界大戦のみかヴェトナムやパレスティナでの戦争のシーンと置き換えられるし、セルビア軍の指揮下にあったオマルスカ収容所の痩せ細ったボシュニャク人囚人の写真にも通じている。戦争そのものと同じく、ゲルホーンの文章は時代を超越している。一九三七年七月の——そう、今から八五年も前なのだ！——ドイツ軍によるマドリード爆撃の記述をゲルホーンは次のように書いている。「スカーフを巻いた老婆が、怯える痩せこけた男の子の手を取り広場に駆け込んでくる。老婆が何を考えているのかは一目瞭然ではないか。この子を家に連れて帰らなければならない。何よりも慣れ親しんだものに囲まれた家にいるのが一番安全だということだ。人は、自分のアパートでくつろいでいるときに死が訪れるなんて想像さえできないのだから……。手榴弾から炸裂した熱く鋭利に曲がった鉄片が子どもの喉に命中する。運び出そうと男たちが駆け寄るも、老婆はすでに息のない男の子の手を握って立ちすくみ、ものも言えず小さな顔を見つめている」

人々の苦しみはいつでも同じである——これは、本書に収めるテクストを選ぶ際の準則にした私の視点である。戦争を記録する行為は、私にとって戦争への抵抗に他ならない。ロシア軍がキーウに向かって侵攻し、ウクライナで全面戦争が勃発してすでに数か月、少なくとも、私はなんらかの声を上げざるを得なかった。

まえがき

本書に収められているエッセイは、三〇年以上にわたって書かれている。著者はもともと原稿をクロアチア語や英語で執筆していたが、その多くを失い、そのため改めて入手したドイツ語、英語、スロヴェニア語、スウェーデン語に翻訳された文章に依拠している。本書に収録した各テクストは、この機に著者による再編集が施されている。

過去のテクストにおいて著者は当時の一般用語ムスリムを使用しているが、本書ではボスニアのムスリムをボシュニャク人と表記している。

本書は時系列的に著者のエッセイを並べ、編集を施している。著者の見地には時流に沿ってわずかに変化も見られる。

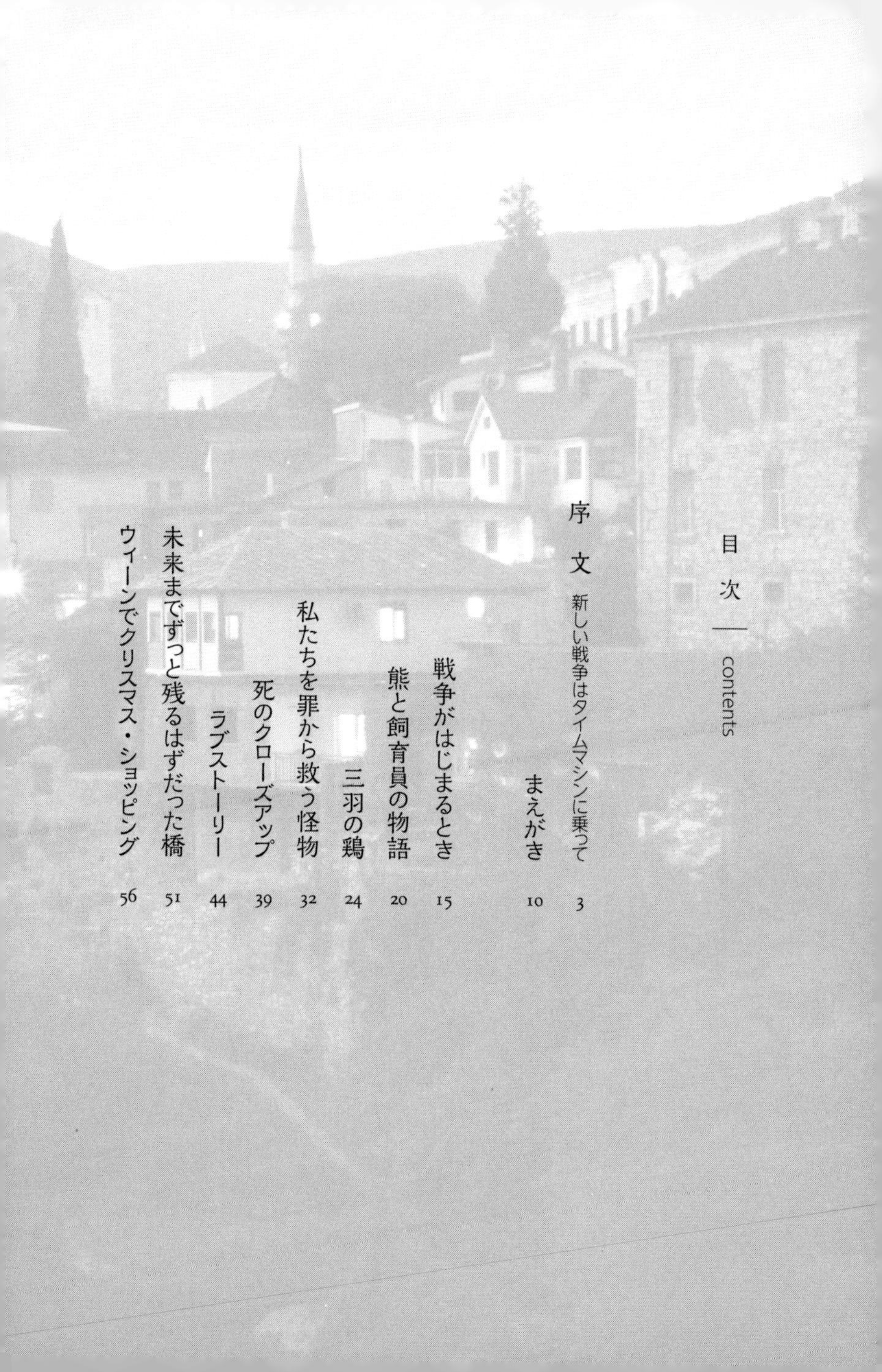

目次 — contents

政治家が戦争を始める。国民は敵と戦うために野放図な群衆と化しはしないし、集まりもしない。まず恐怖と憎悪というお決まりの材料で洗脳し、それから組織化し、誘導しなければならない。（略）指導者というのは一見してわかるものだが（情け容赦なく権力を行使する野心家は今に始まったことではない）、その支持者というのは謎である。人々を殺し合うよう仕向けるのは、なぜこうも簡単なのだろうか？

——Martha Ellis Gellhorn, *The Face of War*

戦争がはじまるとき

ザグレブやドゥブロヴニクへ近く旅行予定であるとアメリカの友人から電話がかかってきた。国務省がこの地域への渡航を推奨していないらしく、戦争は始まっているのかと尋ねているのだ。「あら、戦争だなんて。こちらよりニューヨークの方が危険です。お気軽にお越しください」と自信満々に答える。かくしてこのニューヨーカーたちは、私の声では拭いきれなかった不安を抱えつつ、今年当地域を訪れる数少ないアメリカ人旅行者の一端を担うであろう。ニューヨークはザグレブより確かに危険と思われるも、実際には両者に存在するのは（ニューヨークは人口で言えばクロアチアの倍）まったく別の危険である。前者は犯罪の、そして後者は戦争の危険である。

友人らの「そちらでは戦争をしているの？」というダイレクトな問いは、既に用意されていた答えと同様に、まだ私の心を捉えている。戦争が本当に始まったのだと、どうやって確信できるのだろう。二つの世界大戦がこの国［ユーゴスラヴィア］を襲ったが、皮肉にも戦争が始まる瞬間を認識するのは容易ではないようだ。戦車や兵士、死体を（テレビカメラではなく）目の当たりにするのを待つべきなのか。頭上の屋根が落ちてから、時すでに遅しとばかりに戦争を認識するのだろうか。こうした状況に至るまでは、戦争などあり得ないと言い張っていたにもかかわらず。あるいは、私たちの意識のなかにある戦争は、逃げ惑う群衆、銃声、爆弾、破壊された家、各場面に展開する軍隊、飛行機などからくる恐怖を指すのであろうか。

ヴェトナムでは、戦争はナパーム弾、焼き討ちにあった子どもたち、ジャングル、ヴェトコン(1)を意味している。第二次世界大戦下のユーゴスラヴィアにおいては、占領軍とパルチザン、無防備な人々、国内の裏切り者、収容所の謂である。言い換えれば、私たちは戦争には大量の死が伴うものであり、人生においても映画においても戦死者の数は大規模であるという考え方のもと育てられている。唯一の問題は上限を定めること。戦死者が五人なのか一〇人なのか、あるいは一〇〇人なのか、そしてその数は国の規模に関係なく各国で平等なのか。テロリズムや残虐行為についてもう語れなくなった後の犠牲者の数はどの程度なのか。では、個人に還元され、避けられる事例についてはどこまでコントロール可能なのか。

「戦争とは、他の手段をもって継続する政治である」というクラウゼヴィッツの定義が今でも当てはまるのであれば、クロアチアとコソヴォでの出来事は、疑いなく戦争以外の何ものでもない。政治は、軍隊、民兵、戦車、地雷、銃撃、交通の混乱をともなない継続される。死者も出る。では、私たちには何が足りないのだろうか。おそらくは、その現象をどのように名付けるかにも関わっている。最近、ドイツのテレビ局のクルーがザグレブを訪れた。土曜日の晴れた日だった。私たちは小さなカフェにいた。ドイツ人たちは、広場を穏やかに歩く人々、トラムを待つ人々、水仙や新聞を買う人々、市場から帰ってくる人々、おしゃべりをする人々をしばらくの間静かに眺めていた。この土曜の朝から判断すると、何も起きてはいない。人々は動揺したり、落ち込んでいるようには見えないと、驚きを持って結論づけていた。ドイツ人たちが何を期待していたのかはよくわからない。もちろん何かが起きているのだが、同時にいつもの土曜日の秩序が存在している。市場、コーヒー、ランチ、友人の訪問などの折りに、戦争についいて、戦争は始まっているのかどうか必ず語られているのだ。しかし、不安な現実に日頃抵抗できている限り、私たちはある程度安全だ。喩えて言えば、人生の最も困難な状況下において日常を維持すること、正常であると錯覚することが救いである、というナジェージダ・マンデリシュタームの証言のように。

夜、テレビ画面の前では状況が一変する。傷ついた人々の映像が画面に映し出されるにつれ、私たち自身ももっと感傷的になり、恐怖に身悶える。街が夜と静寂に包まれるなか、恐怖に自律性が帯びるのかように感じられ、その恐怖がどこからやって来て、誰がいつ引き起こしたのかどうでもよくなっていく。恐怖は動物となり、私たちの内側で増大し、凍てつく氷の欠片にすっかり身を委ねるようになるまでゆっくり忍耐強く、その鋭い歯で内部から喰らいつく。口は乾き、手はじっとりとし、身体は未知の病気の熱に震え始める。ある時点になると、人は政治的な思考や現実的な状況判断をやめ、何も考えなくなる。そのとき真の恐怖が襲ってくる。突然、今となっては自分の部屋かどうかもわからなくなってしまった場所で、ふと動作の最中に立ち止まり、突然目前に広がった、かろうじて認識できる現実の痕跡すら渦のように吸い込んでいく空虚に麻痺する。身動きもせず、考えもせず立ち尽くす。自分の中で形状を作り出す、純度の高い恐怖の

（1）Việt Công Vietcong　南ヴェトナム解放民族戦線の俗称。

結晶のごとき瞬間があるのみ。それは死の恐怖だけではない。予定された死の無意味さ、統計的に並んだ一つの数字としての死、大量の死、死者をものともしない権力の姿に対する恐怖でもある。

　情勢の変化が始まったときは、こんなふうに戦争が身近に迫っていて、恐怖で血が固まってしまうなんて想像もしていなかった。しかし、ドイツのジャーナリストの言う通りなのかもしれない——きっと私たちは戦争のイメージに慣れきってしまっていて、もはや自分たちの顔から不安をうかがい知ることは出来なくなっているのだろう。「戦争」という言葉は、ゆっくりと忍び足で生活の中に入ってきたためすぐには認識できない。議会やテレビ局の前には特殊部隊がいる。だが商店にはフランスのチーズやワイン、ノルウェーのキャビアやサーモン、アメリカのタバコ、スイスのチョコレート、イタリアの洋服が並んでいる。つい最近まで戦時特殊部隊の展開する戦争の恐怖は、テレビや新聞の報道、政治演説といった抽象的なレベルにあり、暖かなリビングルームにいる私たちには必ずしも関係がないどこか別次元に存在していた。遠くで鳴り響く嵐の音や、ちょっと努力すれば消すことのできるＢＧＭのように。だが騒音はみるみると迫ってきて、もはや消す術がないほどに急変する。最初の犠牲者が出た頃には、もう逃げ場もなく、回避の余地もなくなっていたのだ。

　そちらでは戦争をしているの？

　亡くなったヨシップ・ヨヴィッチ[2]の写真や、ライコ・ヴカディノヴィッチ[3]の葬儀をテレビで眺め、殉職した警官ゴラン・アラバニァ[4]の顔や、二八発の銃弾を浴びた赤いユーゴ[5]に乗る女性の声を目の当たりにしながら——ふと、この微妙な意識の違い、まだ越えていない一線に気づき、アメリカの友人にどんなことがあっても「いえ、戦争じゃないわ」と答えている理由がわかった。テレビではあらゆる死者の葬儀と政治家の弔電が流され、新聞には拡大、レタッチされた本人の顔写真や妻や母とのエピソードが掲載され、病院へは負傷した警察官を要人が見舞いに訪れ、医師は前腕の傷を一つ一つ取り上げて説明する――つまり政局的なポイントを稼いだり失ったりとできているうちはまだましなのである。犠牲者の名と顔を覚えている限り、私たちはまだ戦争をしているわけではない。

犠牲者の数が多すぎて匿名となり（「本日、ティトヴァ・コレニツァ近郊で治安部隊一八名が死亡しました……」――あるいは兵士一三名や、クライナの民兵二一名、クロアチア人一五名、セルビア人三一名だっていい）、彼らの葬儀や悲観に暮れる遺族の顔がテレビで紹介されることも、地面の血痕がカメラに刻まれることも、新聞に死のディティールが書かれることもなくなり（「その人はあそこに立っていた。そこ、あの木の近くにまだ銃痕が見える……」）、当局が彼らを英雄や殉教者だと宣言しなくなる――その段階に至らない限り、アメリカ人も含めて私たちは戦争を知り得ない。

（一九九一年）

（2）Josip Jović　一九九一年のクロアチア紛争でクロアチア・セルビア間の最初の武力衝突である、プリトヴィッツェ湖群事件で死亡したクロアチア人警官。最初のクロアチア人戦死者として知られている。

（3）Rajko Vukadinović　プリトヴィッツェ湖群事件で死亡したクロアチア系セルビア人。ヨヴィッチと対をなし、最初のセルビア人戦死者として知られる。

（4）Goran Alavanja　クロアチアのセルビア人警官。一九九〇年ので丸太革命で殺害された。

（5）ザスタヴァ社が販売する車の通称。

熊と飼育員の物語

一か月ほど前、サラエヴォ動物園で最後まで生き残っていた動物、ヒグマが死んだ。他の動物はすでに餓死しており、その熊は他の二頭を共食いして少しだけ生き延びていたのだ。

飼育員たちは少しでも食料がある間は、可能な限り動物に餌を運んでいた。動物園がスナイパーの標的となり飼育員の一人が殺されると、動物への餌やりは極めて危険な行為とされるようになった。一九九二年一〇月二日（月曜日）、一人の飼育員がリンゴとパンを持って行ったが、熊はすでに死に際にあり、その場で事切れてしまった。

表向きには、日刊紙の最後のページに掲載された熊のちっぽけなニュースに注目するのは皮肉に思える――なにしろ動物、たった一頭の熊の話なのだ――死者や負傷者の数が一面から発表され、この冬サラエヴォでは何百、何千もの人々が寒さで命を落とすであろうと報道されているときに。

しかし今は、熊ではなく飼育員の物語を伝えたい。まず想像しなければならないのは、動物はやがて死を迎えるという絶望的な状況下にあると知りながら、それが自分の義務だと動物の世話をするこの男性についてである。飼育員はその月曜日、熊にリンゴを持って行った。

このパンとリンゴは、動物園の管理下（まだそんなものが存在しているのなら）で飼育員に与えられたとは考え難い。それにもし動物園の管理者が存続し、そこでパンやリンゴなどの食料を配布しているのであれば、飼育員が自分自身や家族、隣人たちのために取ったとしても十分に理解できるだろう。

『ロンドン・タイムズ』の報道によれば、サラエヴォでは現在、皆タンポポの葉やヒナギク、サクラソウの若葉などを食べ命を繋いでいる。もしこの男性が熊に生き延びるための餌を与えなかったとしても、誰も責められなかったに違いない。しかしその朝、飼育員は正反対の行動を取り、熊に食料を持って行ったのだった。それも自宅のものだと思われる。

一見したところでは、この飼育員の行為は理屈とは関係ないのかもしれない。無意味でばかげた行為を最後まで貫き通し、明らかに死につつある動物に餌を与え、自分自身に、そして自分の生存にも逆らっているのだから。

先日、ストラスブールで開催された「エクストリーム・ヨーロッパ」という作家の会合で、サラエヴォの日刊紙『解放』（*Oslobodenje*）の編集長ケマル・クルスパヒッチは、住居のあった崩壊した高層ビルの地下で新聞を制作していたと話してくれた。

ジャーナリストは七日毎に交代で「職場」で執筆し、寝食を共にしています。爆弾が降る最中タイピストが書き、スナイパーの銃撃をくぐり抜け、目もくらむような思いで原稿を届けるのです……。まるですべてが平時下であるかのようだよ、とクルスパヒッチは言う。話を聞いているフランス人は、この人たちは皆狂っているのか、それとも信じがたいほど勇敢であるか、あるいはその両方同時なのだろうかと思うかもしれない。だがこれは、決して英雄的な行為なのではない。かつてナジェージダ・マンデリシュタームが語った、スターリン主義の恐怖を生き延びるのに役立った日常生活の習慣という意味においての「ルーティン」なのだ。

動物園の飼育員と、『解放』紙で働く人々が取っている行動はまったく同じである。恐怖、混沌、無秩序、不可能な条件下で仕事をし、平静を装う。生存が不可能と思われる状況、現実が完全に狂ってしまった状況、人の命が大量の墓に埋まってしまう状況においても人は慣れない手つきで秩序を築き、新たな意味を見出しているのだ。

何事もなかったかのように行動する、ということではない。そんなことはサラエヴォの地獄ではあり得ないのだから。そうではなく、この人々は身の回りで起こっている出来事、どこからどう見ても唯一の現実が、まったく普通になってしまったがごとく振る舞っているのである。砲弾の降り注ぐ最中、命を危険にさらしながら働きに出たり、動物のために食べ物を諦めたりするのは根本的な利益の論理に反するように見えるが、それでも人々は自らのためにそうしている。自分の生活の場で暮らしているのだから！

砲弾があり、飢えがあり、死があり、タンポポがあり、あるいは再び電気が通ったときの、水道から水が流れてくるときの、パンが届いたときの喜びがある。ただそれだけで、それ以上のことはない。

戦争を生き抜くには？

強制収容所で生き残るには？

発狂しないよう、死の呼びかけに屈しないよう、死を見つめるには？

たとえ自分自身が飢餓の淵にいても、死に瀕した熊にパンの欠片と一個のリンゴを与えようとする飼育員がいる限り、この問いかけは虚しい。
墓地と化しつつある街の真ん中に住んでいながらも、人間も動物も、その生命には依然として意味がある。

（一九九二年）

戦争の恐怖が、私たちが「普通」だと習慣的に受け入れているあらゆる境界線や想像の限界を超え、通常とは異なる自分たちには無害な段階へと移行するとき、戦争に巻き込まれた人々は極度の孤独に追い込まれる。

日の前にある写真をあの時一度見たはずなのに、私は気づかずにいた。夏、八月半ばの出来事だった。近くのキオスクで『週刊ダルマツィア』（*Nedjeljna Dalmacija*）を買い、湿度の高い熱風のせいでべたつく手で折り曲げ、扇子代わりして少し涼んだ記憶がある。それから週刊紙を市場で買った魚、ミニトマト、ジャガイモ、イチジクなどを入れた助手席のバスケットに乗せ、イストリア地方の真ん中にある高台の家までドライブした。その間ずっと一面の写真はそこにあって、傍で私を見つめていた。運転中に新聞の下に手を伸ばしイチジクを取って食べている間も、私に向かって叫んでいたのかもしれない。その日、私は写真の色調にしか注意を向けなかったのだろうか、読み始めようとページをめくったときも目は平然と滑っていったのである。

一週間後、キッチンの片付けをしていて、窓辺にある新聞紙の束を捨てようと取り出した。

一番上には『週刊ダルマッツィア』が置いてあった。気づいた私は目をやり、写真に向き合わざるを得なかった。新聞を手に取って紙面に残るベタついたイチジクのシミの、ざらざらした緑の斑点を指で触ると突如目眩がした。その感触によって、命の裏側にある闇へと、死そのものに突き落とされたようだった。目を凝らすと、仰向けの若い男性の写真が飛び込んできた。頭蓋骨が割れ、こぼれ出した脳を三羽の鶏が啄《ついば》んでいた。

開け放った窓から外を見る。正午も近く、水色の空は澄みわたっていた。庭でコオロギが鳴き、隣家の犬が吠え、それから静寂が訪れた。まるで誰かが夏の日の雑音を一瞬で消し去ったかのように、私は無音と化した特別な静けさの中にいた。その写真が消えていないかと漠然と期待し、もう一度新聞の一面を覗き込む。もしかしたら、真っ白な新聞紙が青空を映し出してくれるかもしれないとさえ思った。その写真は、目の前にある生活、夏のこの瞬間、コオロギや犬にだってふさわしくなかった。誰の人生にも、入り込む余地などはまったくないものだった。

私は腰掛け、すべてがきちんと所定の位置にあることを確認しながらキッチンを見渡した。コンロにはお湯が沸き、テーブルの上にはこれから皮を剥くジャガイモ、洗おうとしていたレタスが置いてあり、床はモップがけされるのを待っていた……フルーツケーキの香りが漂うなか、これから人が訪ねてくるのよ、と一心不乱に考えた。手のひらで口を覆い、強く押さえた。いや、そんなはずはないわ。だってこんなのひどすぎる、あまりにも……。すると目前にガラスの壁が降り、まるで透明なカーテンで写真から隔てられているかのように写真から遠ざかり安堵した。この光景は自分とはまったく関係ないのだわ、と。

しかし、散らばったまま放置された脳味噌を鶏が啄むという恐るべき戦争に、そしてその光景が写真に収められ、新聞の一面に掲載されたことに対して自分はなす術もないのだという無力感が残った。写真は戦争の残酷さを記録するためのものではない。人生そのもの、人生の意味に抗する記録であり、私やあなたたち全員の人生を即座に無価値にだってする。あの写真をもう一度見たら、瞬時に胃がよじれてしまうかのように、この写真がまるで私自身の命を脅かしているのだと言うかのように、この世のいかなるものに対してもこんな暴力は断じて許されはしないのだと、私はなかば生理的に、全身全霊で抗った。

『週刊ダルマツィア』の写真に気が付いた瞬間、私は二重の衝撃に晒された。それは単に目にした写真に対するショックだけではない。自分には見えていなかったという事実、つまり、嘘偽りなくあの瞬間まで写真に気づいていなかったことにショックを受けたのである。最初に新聞を目にしたとき、写真に写っているものを見落としていた自分に心底腹が立った。一面に掲載されていたのに、捨てる直前の今になってようやく気づいたのである。写真はずっとキッチンのそこに――まさにその場所に――、数日の間ずっと目の前にあって、窓の外を見ようとするたびに視界に入っていたのに。しかし戦争とともに生きる人間は、ショックに適応するために諸段階を踏んでいく。一年前、戦争が始まったばかりのころであれば、破壊された家、負傷した人や死んだ動物など、いかなる写真にも心を揺さぶられただろう。だがその後、死体や血まみれの子どもなどもっと残酷なシーンが出てきても、格別に恐怖のレベルは上昇するわけではない。恐怖の蓄積が増えても、必ずしも被害者への共感が進むことを意味しない。

「ねえ聞いて、昨夜の出来事なのだけど」と、近所に住む五〇代の女性が話してくれた。「夕食をとりながら、サラエヴォで亡くなった人々の血生臭いシーンを、まるでテーブルを共に囲むようにテレビで観ている自分がいたのよ……恐怖が生活の一部となってしまったみたい。そのシーンを終始観ながら食事をとっているなんて、とても罪悪感を覚えたわ。それで映像はすべて私とは無関係で、犠牲者にできることは何もないわって自分に言い聞かせて食べ続けたわけ」

クロアチアとボスニア・ヘルツェゴヴィナでの戦争が続いていた一年の間、恐怖の濃度が高まるにつれ戦争を受け止める人々の態度も大きく変化し、やがて拒否反応までも示すようになっていった。週刊紙の購入時に自分が写真を見落としていたという事実を知ったショックは、写真の内容に気づいたときのそれに等しい。というのもその瞬間、私はこの戦争が、少なくともメディアで目にする限りでは過剰や反発、さらには嫌悪の段階へと移行しつつあると悟ったからである。

今思えば『週刊ダルマツィア』の写真に一人として気づかず、その日訪ねてきた友人、隣人、現地の住民の誰とも話題にならなかった。誰一人何も言わなかった。いつもは何か心揺さぶられたり、怒ったりすると誰かが話してくるものだが。この写真はいつもと違う曖昧さに囲まれていたのだと思った。

私は確認のため、ザグレブの友人に電話をかけた。彼女は発刊元の新聞社に勤めており、写真に気づいているに違いないと考えたのだ。「先週の『週刊ダルマツィア』を見た?」と聞くと、「ええ、見たわ。それがどうしたの?」と答える。すぐに彼女が写真に気づいていないと分かった――もし気づいていたら、すぐ話題にしただろう。「それで、一面の写真は見たの?」

と粘り強く尋ねた。すると「どの写真？」と驚きながら聞き返してきた。そう、友人も私と同じく看過していたのである。あまりにリアリティのない、心をかき乱す異常な写真に視界が暗くなる現象。彼女も写真を見落としていた。恐怖の次元があまりにも異なるために、このような写真を公開する本来の理由——それは人間の苦しみを理解し、共感し、戦争を終わらせるために何か行動を起こせるようになるための知見をもたらすもの——も消失していた。今やその写真からまた別の、大きく異なるメッセージが届き始めたのである。

ある夏の出来事。私はもうほとんど忘れてしまっていたか、少なくともどこか奥底の、暗い記憶の沈殿物の中に押し込めていた。最近、友人G——オーストリアのジャーナリスト——の話をきっかけに思い出した。フランクフルトのブックフェアにいたときのことである。一〇月二日の深夜、疲れ果てたGはベッドに入りテレビをつけると、ボスニアからの報道が目に入ったという。何の番組かは覚えていなかったが、スカイニュース、CNNのようなドイツのケーブルテレビの番組であった。Gには誰が制作した放送かはわからなかったものの、画面に映し出された映像を前に、ものを考える気力を失ってしまったらしい。まず、首のない複数の死体を見た。それからカメラが木箱に近づき、正確には覚えていなかったが、たぶん五つ以上の切断された頭部がクローズアップで映し出された。また、汚らしい制服を着た男——おそらくムジャーヒディーンであろう——が、生首の髪を掴んでカメラの前でポーズをとっていたのだった。

翌日の夜、フランクフルトのランドシュトラーセを歩きながら、Gはその出来事について話をしてくれた。高層ビルが立ち並ぶ街はがらんどうで、風も強く、空は雨雲でどんよりしていた。そんななか、Gの語るテレビ映像を想像したわけではなかったが、映像から感じ取ったものが、彼の内面に、文字通り生体組織のなかに刻み込まれたのだとはっきりと理解できた。Gは、高層ビルの暗く静かな影の真ん中のネオンに照らされた歩道で、とにかくひどく疲れているかのように頭をもたげ、力なく両手を垂らしてふと立ち止まった。「狂気だ、真の狂気ってやつだ」と繰り返し、「理解に苦しむよ。対処のしようがないね、まったく」と言った。

私はまずGの不安や無力感を感じたが、それから別のことが気になり始めた——言葉である。Gは依然として「理解に苦しむよ、対処のしようがないね、まったく」と繰り返していた。彼はただ震えていただけではなく、完全に麻痺していた。そこで突然腑に落ちたのだが、人間の脳を啄ばむ鶏を見た際、自分自身でも経験した感覚だった——恐怖で麻痺してしまう、この表現がぴったりなのである。

ボスニア紛争の理解しがたい映像を目の前にして、Gも私も日常的な感覚を超えてしまったように感じた。彼らは自分たちとは違うのだという思いが芽生え、この戦争を理解し、苦しむ人々と悲しみを分かち合う可能性を信じられないほど低くした。そのイメージはもはや可能性の境界線を飛び越え、あまりにも異常なものとなった。もしこれが映画だったら——グロテスクとでも言っておけばいいだろうか。ところが現実の場合（そして本当に現実であると明らかになれば）には、双眼鏡を逆から覗くように作用する。対象をじっくり見られるよう近づくのではなく、対象をさらに遠ざけてしまうのだ。ただ、この場合は地理的ではなく文化的な距離の問題である。人はそのような「非人間的」な行動は自分たちとはかけ離れた別の文明に属するものだと感じ、そのイメージはさっぱり理解されず、ましてやそれを象徴する痛みを共有することもできない。

西欧の目前で実際に起こっている戦争が、ソマリア（あるいはウガンダだったかもしれない。いずれにせよアフリカのどこかの国だ……）で子どもたちが死んでいくのと同じくらい遠い存在になりつつある。皮下で輪郭を描く肋骨、膨らんだ腹、目にたかるハエなどははっきりと見て取れる――だがその恐ろしさはあまりにも強烈で、私たちは戦争を止めるには途方もなく無力だ。するとこの子どもたちは人間ではなくなるか、病的なまでに通常と異なる存在となる。子どもたちと向かい合おうとしても隔てが置かれ、遠ざけられた光景が見られるだけ。真実を目撃するために目視して戦争に近づきすぎてしまえば、真逆の現実に行き着きかねない。ゲットーというまったく異なるルールで支配された境域に感情を即座に閉じ込め、戦争は抽象化した完全な「他者」へと成り果てる。

その翌日の日曜日の夜、私は友人とイタリア料理のレストランにいたが、バルカン半島での戦争については触れずにいた。しかし私は、メディアがこの戦争をこれほど広く無惨に記録するのは、倫理の境界線上で騒ぎ立てる行為であると考えずにはいられなかった。世界のマスメディアによって、あの戦争の真実が世界中の家々に入り込み、世論の圧力が生まれるのではないかという期待もあったのかもしれない。超大国はもはや、バルカン半島で起きている現実を見ないふりして部外者を装うだけでは済まなくなり、何か行動を起こしてくれるのではないか。だが超大国がまさに看過しているのだとすれば、もはや望み薄なのかもしれない。そして戦争の恐怖が、私たちが習慣的に「普通」であると受け入れるあらゆる境界線や想像の限界を超えたとき、通常とは異なる自分たちには無害な段階へと移行する。かくて戦争に巻き込まれた人々を可能な限り、いっそうの孤立に追いやるのだ。ある意味では、こうした可視化によって私たちは「野蛮人」として見限られてしまう。映像メディアの性質上その効果は同じで、誰が惨劇の責任を負うのかにかかわらず、テレビカメラが映すのがセルビア人兵士や本物のムジャーヒディーンであれ、切り落とした敵の頭部を抱えて佇むクロアチア人やボシュニャク人であれ、完全に理解不能というメッセージが至るところへ届くのである。視覚効果は暴力的だが、残念ながら私たちはその裏側にある飽和状態を体験し始めている。

オーストリアの友人Gは、その日曜に牛肉の「カルパッチョ」、つまり生肉を食べた。少なくともあのとき、私にはその行為が理解不能であったとGが察していたとは思えないが、責めるつもりもない。現下あの戦争で起こっていることはすべて、ガラスの壁の向こう側にあるのだと思い始めている人たちを恨めないのと同じ。自分の家からほんの三〇〇キロ、あるいはもっと近い場所であるのだとしても。映像を見られるようになっているので、何が起こっているか百も承知だ。しかし人は、時として見て見ぬふりをしたいのだ。

（一九九二年）

新聞に目を通していると、知らず知らずのうちにその男の顔写真に目を遣っていた。新聞の紙面をその写真があらかた占めている以外は、特別な人間だと裏付ける特徴は何もない、面白みのない平凡な顔。

よく見れば若々しく、まだ少年のような顔つきをしていた。つぶらな目、真っ直ぐな鼻、ふっくらとした唇。生え際は高く、坊主頭が額をさらに広くしている。一八から二五歳くらいの、民族も職業もわからない若者の顔のよう。

ところが写真に添えられた記事を読んでみると、まるで違った。写真の主はボリスラヴ・ヘラク、ボスニアでボシュニャク人住民に対する戦争犯罪で有罪判決を受けた最初のセルビア人兵士であった。ようやくそのときになって、私はヘラクの平凡な顔に引きつけられた。

犯人の凶悪で危うい一面を強調させようと、故意にこの写真が選ばれているとはわかっていた。だがむしろ私には、日常にありそうな、その辺の店やカフェに集まって昨夜のサッカーの試合の話で盛り上がる若者の姿を彷彿させた。

近所の若者のようだわ、と思った。だが間髪を入れずして警告のシグナルを感じ取った。私は頭を振り、その恐ろしい考えを拭き払った。

というのも、実際は正反対だったのだ。見かけとは違い、ボリスラヴ・ヘラクは一六件のレイプ、三二件の殺人（うち一二人の女性がレイプされている）の罪と、少なくとも二二〇人のボシュニャク人の殺人（その多くがイリヤシュ製鉄所の溶鉱炉で生きたまま焼かれている）に関与を認めたのだった。

これがヘラクの犯した罪の記録。かくて一九九三年三月三〇日、サラエヴォの軍事法廷で彼はジェノサイド、大量殺人、レイプ、強盗の罪で死刑判決を受けたのである。

前年の一一月、ボリスラヴ・ヘラクは他の兵士らとその妻とともに、ボスニア軍が管理する道路に誤って侵入したところを捕らえられた。逮捕された三人に対する取調べが始まると、ヘラクは早々にすべてを自白したという。新聞記事によれば、ヘラクは至って冷静で、何の感情も示すことなく自らの行動、犯罪現場や犠牲者の数、殺害方法などの「技術的な細部」について話したという。

一例を挙げれば、ヘラクはアハトヴツィのボシュニャク人の家を襲った際、祖母の後ろに隠れていた少女が赤いワンピースを着ていたことまで鮮明に覚えており、供述している。他の二人の兵士と一緒に地下室で一家を見つけ、五〇〇ドル、三五〇兌換マルク[1]といくらかの金を強奪した後、自動小銃を二人の男性、四人の女性、四人の子どもに向けて数回乱射したという。

（1）Konvertibilna marka　兌換マルク。内戦を経て、二〇〇八年から導入されたボスニア・ヘルツェゴヴィナの通貨。二〇〇二年までドイツマルクと一対一で交換可能であったことから名付けられた。

「こんな感じさ」と、ヘラクは腰からカラシニコフを発砲するしぐさをしてみせた。殺し方を実演するのに異常なこだわりを持っており、「簡単さ（この言葉を繰り返し使用していた）、ほんの数分で方がつく」と述べた。こうしてヘラクは、傷つけも苦しめもしなかったと言わんばかりの態度で以って死を表現した。「わざわざ苦しめたわけでもないし、ただ自分の任務をこなしただけ」なのだと。

以上の知識を得た上でもう一度ボリスラヴ・ヘラクの写真を見れば、その顔からは先ほどまでのような無垢さや平凡さは失われるであろう。今なら捕虜となった三人のボスニア人兵士、アハメド、ズィヤード、オスマンに寄りかかるヘラクの姿が目に浮かぶ。よく晴れて暖かな六月のある日のこと。三人の捕虜は沈黙している。何が起こるかはもうわかっているのだ。三人は地面に仰向けにされ、数人の髭面の男たちによって縛り上げられていた。ヘラクはうまくやれるだろうかと不安に感じ、一瞬躊躇する。ナイフで人を殺すのはそのときが初めてだった。数日前、六五歳の志願兵リスト・プスティヴクに連れられて行ったヴォゴシュツァ付近の小さな農場で見せられた豚の屠殺のシーンを思い出す。町育ちのヘラクは、屠殺のやり方をまるで知らなかったのである。

志願兵のリストが豚を地面に倒し、頭を抱え咽頭を探り当てる方法を教えてくれたとき――自分でやってみても――至極容易いものだなと思ったに違いない。豚はギーと悲鳴をあげ、身体を強張らせて動かなくなりすべてが終わった。地面は血で溢れ、鬱々たる死の臭いを発していた。

三人のボスニア人に対しても同じようにヘラクは跪いた。ためらいなくナイフを一撃、二撃、最後にもう一撃。犠牲者はほぼ即死だった。ヘラクは安堵した。何もかもが一緒だった——同種のナイフを使い、同じように切りつけ大量の血を流した。だが、男たちはピクリとも動かない。そもそれもそのはず。豚ではなく生身の人間だったのだから。沈黙が訪れるとヘラクはいささか不安を感じた。三番目の犠牲者オスマンは、「頼む、どうか殺さないでくれ。妻も子どももいるんだ」と言った。それが何か重要な意味をもつかのごとく懇願したが、彼の叫びはヘラクの手を止められはしなかった。

ボリスラヴ・ヘラクが、サラエヴォ近郊のジュチという場所の、小さな橋のすぐそばに車を停める様子だって想像できる。

ファティマという三〇歳くらいの女性を車から降ろす。ヘラクは彼女をヴォゴシュツァにあるモーテルの一室でレイプした。それから、夏には緑陰の多い、深い沈黙を守る森へ向かって歩くよう命じた。聞こえるのはファティマの声のみ。数メートル離れたところで銃声が響いた。西部劇よろしく脇から早撃ちし、うなじに命中させた。彼女の身体に近づいて死を確認すると、そのまま車で走り去った。

サラエヴォで開かれたヘラクの初公判には、何百というジャーナリスト、そしておそらくは同数のフォトグラファーとカメラマンが集まっていた。

軍事法廷の議長は意を決してヘラク裁判の公開を決めた。犯人の顔を世界に見せ、記憶にとどめたかったのである。とりわけこの裁判は重視されていた——何しろ第二次世界大戦後初めて行われた戦争犯罪の裁判なのだ。また、ヘラクの自供がボスニアにおける「民族浄化」の証拠となった点においても重要だった。当時、ボリスラヴ・ヘラクはバルカン半島における戦争の残虐性の化身そのものでもあった。

ヘラクは怪物なのか、それともセルビア人の苦難に頭を悩ませる、ごく普通の二二歳の労働者なのか。最初の選択を誤ったがために、殺人者、やがては怪物となった男なのだろうか。それともすべてを同時に兼ね備えているのだろうか。

ある意味、答えは簡単である。ヘラクは怪物へと変貌したのだ。自己弁護もまったくしなかったし、どうせ待つのは死刑だと覚悟していた。皆と同様、自分はすべて上からの命令に従って行動する一兵士なのだと言い放った。命令に背いた場合、上官からのしうちが怖かったのだとも主張した。だが、そうした主張に価値はなかった。メディアはすでにヘラクを、人間の姿をした野獣、冷徹な殺人者、残虐で野蛮な、筆舌に尽くし難き犯罪者と評していた。

ジャーナリストはヘラクの人生の細部を暴こうとしていった——父親を訪ね、自宅に押し入り、部屋にまで侵入しポルノ雑誌やアルコールの空き瓶でいっぱいのクローゼットを開ける。どれも読者にヘラクのような人間がどのように生まれ育ち、殺人者となったのかを示し、人格をイメージさせるためである。こうして編み出されたテクストは、この人物が生まれながらにして犯罪傾向が強い異常者であると示唆する。ヘラクを悪魔と決めつけ、人間性を否定し、象徴へと変化させることが必要だったのは明らかである。

かくてヘラクは、ボスニアにおいて、三二人ではなく一二万人の殺人者、一六人ではなく二万人のレイプ犯へと変貌する——つまり戦争そのものの象徴となった。ボリスラヴ・ヘラクの例からは、個人が悪の原理へと変貌させられてゆく様が見て取れるのだ。

ボリスラヴ・ヘラクが無罪というわけではない。彼自身、自分の罪を認めている——しかしヘラク個人の運命が意味を持つのは、それが象徴的なレベルで解釈可能であるためだ。

　ある状況下に置かれたら、誰もが残虐に振る舞う可能性があると考えると、心が押しつぶされてしまう。それ故、ヘラクは健全で正常な人々のコミュニティから切り離さなければならないのであり、私たち残り全員との間に一線を引く必要があったのだ。

　ヘラクは怪物なのだと自分に言い聞かせる。怪物、怪物、怪物――魔法の言葉のように繰り返してみる。せめてヘラクに関する記事を読んでいる間に蓄積された怒りから解き放たれはしないかとでもいうように。何十万人もの読者が同じように感じているであろう。憎しみ？　ヘラクが憎いと言ってしまってもいいのだろうか。ダメだ、その憎悪が私をヘラクのような怪物に変えてしまうかもしれない。そんなことでは私も同じように罪を犯し、戦争に参加してしまうかもしれない。

　戦争に加担するなんて考えられない。それとも、自分ではその可能性を認められないのだろうか。

　いっそヘラクを象徴にしてしまった方がいい。私たちが一部の人々を野蛮人、狂人、怪物と呼ぶのには理由がある。彼らが象徴する悪をはっきりとさせ、隔離して終止符を打てるよう私たちはヘラクのような人物を必要としているのだ。かくて私たちは潜在的な犯罪ではなく、彼の犯した現実の罪に意識を向けなければならない。ヘラクを「近所の若者」、つまり自分たちの仲間だと考えていては危険なのである。

　ただしヘラクが悪の化身のみならず、バルカン半島で起こったあらゆる戦争を包括した象徴であるとしても、魔女狩りや破門はたった一人の個人にのみ限定されてはいけない。この手の象徴化は、旧ユーゴスラヴィアの他の民族はもちろん、すべてのセルビア人に適用されかねない。

およそ二年続いた紛争の後、世界は依然としてセルビア人、クロアチア人、ボシュニャク人を、不可解な理由で互いに殺し合う原始人よりはマシな存在くらいにしか見ていない。私たちの人間性を否定する者はいない——西側世界も私たちに人道支援をしてくれている。しかし、明らかに自分たちとは違うと考えている。

この戦争は、西欧諸国が越えようとしない国境の向こうにあるゲットーで起こっている。戦争の残虐さを重く捉えるのは、戦争に加担する個人と同様に、結局のところ精神的な壁を強固にしただけだった。西側諸国からの真の連帯や理解を得るのは難しく、軍事介入は長引く一方だ。

最悪なのは、怪物も異なる境遇に置かれているだけで、私たちと同じ普通の人間なのだと理解し受け入れてしまうことだろう。だからこそ普通の人々であれ、民族全体であれ、国家であれ、ある特定の地域であれ、異なる文化であれ、怪物を必要としているのだ——自分たちの血塗られた手を洗うための必要不可欠な存在として。

（一九九三年）

死のクローズアップ

ラマダン明けのパイを食べていた女の子、A.M.が殺されたという。二月末の、よく晴れた寒い日の朝だった。戦争が始まり一〇か月が経ったサラエヴォで、この女の子の母親がどうやってパイを作ったのか、誰もが不思議に思うだろう。どのメーカーの小麦粉を使ったの? オイルは? 具は何を詰めたのかしら? きっと前夜に焼いたのでしょうね。でも、一体どうやって? 電気は通っていないし、あったとしてもごくわずか。焚き火で焼いたのかしら。いや、でもその薪もないわ。街中の木はとっくの昔に切り倒されているし……。とにかく、二歳半の女の子はまだ寝ぼけまなこで、テーブルにつき朝食をとっていた。そのとき砲撃の音が聞こえてきたのだ。その音に怯え、母親のもとへ駆け寄ったのだろうか。この辺りでは砲撃の音はありふれているのだから。いや、そうではなかったのかもしれない。女の子には砲撃の音が聞こえなかったのだ。被弾する者には何も聞こえないし、怖れる暇もないらしい。砲弾が屋根を突き破り、キッチンに飛び込んできて女の子は床に倒れた。すべては電光石火のごとく過ぎ去り、両親や祖父母が状況を把握する前に彼女は死んでいた。父親が娘を抱き抱え、助けを求めたときにはすべてが終わっていた。

間もなくしてテレビカメラが現場に到着する。画面から判断すると、砲撃からまだ一、二時間も経っていないのであろう。小さなキッチンにはすでに女の子の姿はなく、レンガや漆喰の瓦礫が散らばる床に、何足かの靴と小さな長靴が散乱している。テレビカメラが砲弾で貫かれた屋根をズームアップすると、穴からは空が見え、冷気がキッチンに流れ込んでくるのが感じられる。テーブルに肘をついて涙を流す父親。カメラはその青い瞳と涙のアップを追い――現にカメラの前で泣いているように見える――、私たち視聴者にその涙が本物であると、小さな女の子の父親が本当に泣いているのだと理解させようとしているかのようだ。父親はざっくりとしたカントリー風のウールのセーターを着ている。普通だったらあのように厚着でキッチンにいることはないだろうが、その時彼が感じている寒さなんて私たちにはわかりはしない。続いてカメラはその青い瞳からセーターへと移り、視聴者にもよく見えるように赤いしみをとらえる。すでに手遅れとなった幼い娘を床から抱き上げたときについた血。まだ乾いておらず、しみは真っ赤で鮮やかなままだ。父親のセーターに使われている手紡ぎのウールはよく見かけるもので、その感触も指先でありありと感じられるようだ。しみが乾くまでには時間がかかり、染み込んだ血はずっとぬれたままであろう……。その血は見るに忍びない。それでもカメラは何度も血を映し出す。そんな必要もないのに、私たちはこうした画像から目を背けられはしない――しかも、その過剰さを指摘する者はいない。

続いて病院のシーン。ここで初めて母親が映し出される。レポーターの声が、彼女が腹部に二か所傷を負っているのだと説明する。さらに彼（あるいは彼女だったか）は、子どもをなくしたばかりの女性の絶望的な瞬間に、実に大袈裟に、許されざる発言をする。その声は、この若い女性はもう子どもを産めはしないだろうと告げたのだ。女性は担架のようなものの上に横たわり、両手で顔を覆っている。泣き声は、バラバラに砕け散っているかのよう。父親が血に染まったセーターを着たまま入ってきて、妻を抱きしめる。幼い子の死後、その場所で、病室で初めて二人が顔を合わせたのだとわかる。初めて――それもカメラの前で。母親が何か声を発する。状況よっては泣き声や呻き声と呼ばれるのかもしれない。しかし今はただうつろに響くだけだ。その音が、何もかもが失われてしまったのだと夫に告げる。

　ここで止めてちょうだい、終わるべきだわ。子どもを失った母親の残酷な苦しみをカメラは追うべきではない。テレビの視聴者である私たちも、カメラの向こうにいる見えない人たち――記者、カメラマン、マイクを持つ人――も、これ以上は耐えられっこない。映像が流される間じゅう、こんなことはやめるべきだと自分に言い聞かせるようにつぶやく。我が目を疑うような思いで、赤い斑点のついた白いシーツをじっと眺めているほかない。白地に赤、女の子の死の刻印。何てことなの、彼女の血のなんと鮮やかなこと。もうたくさんよ、やめてちょうだい。切実に請い願う。女の子の小さな身体を隠しているシーツの中にだけは、カメラは入ってほしくない。ところが私の思いは打ち砕かれ、誰かの手が白いシーツを持ち上げる。女の子の顔だわ、顔を見てしまった。小さな、形の変わってしまった顔は、乱れた黒髪の房に縁取られている。半開きの目。死のクローズアップ。そしてカット、葬儀のシーンへと変わる。参列者が話している。見えざる声、父親、祖父、凍ついた地面に置かれた小さな棺桶。そこでリポートは終わった。わずか三分……。

　次の瞬間、今しがた見たテレビ放送は、子どもを失ってほんの数時間後に撮影された「大部分がカメラの前で起こっていた」家族の悲劇であったと気づく。私たちが目撃していないのは、二歳半のA. M.の死の瞬間だけ（砲弾が屋根を直撃する外からの映像。続いて室内。女の子が宙を舞うように椅子から落ちるスローモーションのシーン。パイが手から落ち、床に転がる。いいぞ！　リポーターは大喜びだ）。では、なぜ映さないのか？　とうに私たちは、視聴者として自分たちが信じてやまない「記憶すること《ドキュメンテーション》」の名の下に記録された映像に耐えられるくらいには成熟している。今のところ画面に映っていないのはそこだけ。首の切られた死体を犬や豚が貪り食っているのは既に見た。えぐられた目、もはや誰のものでもない飛び散った身体の一部。骸骨や半分砕けた頭蓋骨、足のない子ども、スナイパーに撃たれ死んだ赤ん坊。カメラに向かって語る一二歳のレイプ被害者。

　くる日もくる日も、ボスニアでの死は記録されるようになった。一〇か月の間にサラエヴォには八〇万の砲弾が降り注いだ。八万人もの子どもたちが街から出られなくなった——まさに世界最大の児童監獄だ。そのうちの五〇〇〇人が殺されるか、あっけなく死んでしまった。残った者は飢えゆくのを待ちながら、うんざりするほど長く続く、ジワジワと迎える死を覚悟している。五〇年前、ユダヤ人も同様の苦しみを味わった。今度はボシュニャク人の番。アウシュヴィッツを覚えている？　アンネ・フランクについてきちんと記憶している人はいるのかしら？　そうした記憶があるからこそ、私たちは恥ずべき歴史を繰り返さないよう、あらゆる出来事を事細かに記録するべきだと信じて疑わない。だが現況はどうだろう。学校で強制収容所や死の工場について学んだ世代や、昨今の過去の記憶が鮮明に残っているというだけで、二度と悲劇は起こしてはならない——少なくともヨーロッパでは——と誓う親を持つ世代がいる。「彼ら」がこの戦争を主導しているのだ。では、この「記憶すること」を変えてしまった原因は何なのか。サラエヴォで死にゆく人々の放送を見ながら、私たちの暮らしやリビングで起きている意識的かつ正確さだけがとりえの死の記録によって、今何が変わろうとしているのだろうか？　女の子の死は数ある恐怖のうちの一つに過ぎないし、その一つ一つがさらに悪い出来事への備えとなる。

最大の変化は、聴衆や視聴者、大衆である私たちのなかで起こっていた。自分たちには大衆を演じるという役割が与えられたのだと考えるようになった。まるで戦争が演劇であるかのようだ。じわじわと気付かぬうちに何かが私たちの中に入り込み、無関心を植え付け、真実を見抜けなくさせてしまった――私たちの死の兆候を。女の子の死に顔のズームアップは、実に限度を超えていた。理不尽の極み。初めて戦争を至近距離で、その不気味な細部まで見られるという事実は、それによって何かが良い方向へと変わるのであれば意味がある。だが何も変わってはいない。だからこそ、この種の「記憶すること」は倒錯し、死のポルノと化すのだ。

（一九九三年）

　二人の写真を新聞で見た。遠距離から撮ったものらしく、ぼやけていた。横たわる二人の遺体のそばに二つのスポーツバッグ。アドミラは、身体の柔らかな曲線を隠す濃色のスカートといったスタイル。ボシュコはジーンズ――他に何があるのかしら――で、二人ともテニスシューズを履いている。しかし、この不鮮明な写真からでも、死体となって地面に横たわってもなお、アドミラがボシュコを抱きしめているのがわかる。五月一九日水曜日の午後四時頃、二人は中間地帯だったミリャツカ川に沿って歩いていた。セルビア側からもボシュニャク側からも姿は確認可能の場所である。包囲された都市からセルビア側への脱出は、事前に合意されていた。両陣営とも通過を許可していたのだ。二人は九〇〇メートルほど移動して、安全地帯まであと四〇メートルというヴルバニャ橋の手前で、スナイパーによる凶弾に倒れたのだった。

　昼下がりの静寂を引き裂く、あの独特の音が私にも聞こえてくるかのよう。ボシュコは即死。アドミラはほんの少しだけ長く生きて、ボシュコのそばまで這い寄り彼を抱きしめた。二人は一週間近くその場に放置されたままだった。五月にしては例年になく強い日差しの下で腐敗し、死体の匂いは若草の香りと混じり合っていった。

誰が二人を殺したかのは分からないし、そんなことは重要ではないのかもしれない。歩き、倒れる二人の姿は両陣営から見えたという。セルビア側から撃たれたと言う人もいれば、真逆の証言もあった。それかあらぬか、その後五日間にわたり双方は遺体をめぐって争い続けた。結局六日目になってセルビア兵が遺体を回収し、問題は解決した。

前年にサラエヴォを離れ、ベオグラードに移り住んでいたボシュコの母親は、息子のサラエヴォでの埋葬を承諾した。アドミラの両親は墓参りができるようにとサラエヴォでの埋葬を望み二人一緒に埋葬されるのであれば場所は問わないとも言った。最終的に九年間愛し合ったボシュニャク人女性とセルビア人男性は共に一つの棺に納められ、ルカヴィツァ(1)の墓地にスルプスカ共和国軍によって埋葬された。戦後、双方の両親はサラエヴォの墓地への遺骨の再葬に同意している。

二人の愛、その無垢なあり様、そして愛はどんな障害をも乗り越えられるという純粋な信念も一切合切を破壊しようとする戦争から逃れられはしなかった。だがどうだろう。この戦争が始まる前、セルビア人やボシュニャク人であることは二人にとってどのような意味を持っていたのだろう。それぞれの民族の帰属によって自分たちの未来は決まり得るのだと悟ったのはいつだったのだろうか。一九八五年に写された高校の卒業写真——聡明そうな二人が微笑み抱き合っている——からは、二人や旧ユーゴスラヴィアの同年代の子どもたちにとって、民族が重要だったとは想像し得ない。二人も周囲の人々もそんな事実を気にもしていなかっただろう。

---

(1) Lukavica　サラエヴォ東部、セルビア人を主体とするスルプスカ共和国の一地域。

あの時代は民族などあまり重要ではなく、二人の未来を決めもしなかったし、恋に落ちるのを妨げもしなかったのである。

六〇年代に二人は生まれた。スピルバーグの映画を観て、イギー・ポップを聴き、ジョン・ル・カレを読んで育ち、毎週土曜日にはディスコに出かけ、パリやロンドンへの旅を夢見ていた。クロアチアやセルビアにも友人がいて、夏になるとアドリア海の沿岸あたりで一緒にキャンプをしていたに違いない。間もなくして戦争が始まると、まるで昔の歴史書が開かれたかのように感じたであろう。チェトニク対ウスタシャ、ただし今回はチトーのパルチザンはいない。祖父の時代の、ばかげたあるまじき戦争の物語。それが今や孫の世代に降りかかり、自分たちはヨーロッパに属し、多様な薔薇色の未来が待っているという幻想の中で育った世代を打ち砕いたのである。

ボシュコとアドミラは我が身を救おうと決意した。どのみち二人の戦争ではなかったのだ。ボシュコの母親がアドミラに、戦争が二人を引き裂いてしまうかもしれないわねと言うと、「それはないわ、私たちを引き裂けるのは銃弾だけよ」と返したという。運命を知っているかのような返事。それもたった一年前の出来事。母親がセルビアへ向けて立ち、ボシュコがサラエヴォに残ると決めた時点で、アドミラと両親は愛だけがボシュコをサラエヴォにとどめたのだと思っていた。だが残ろうと決めたときには、ボスニアで戦争が起こるなど当の本人もアドミラも想像だにしなかったに相違ない。アパートの同じ階の住民を、民族が異なるという理由だけでどうやって分けられるのだろう（サラエヴォの人なら昨年の春にこう言っていたはず）。混血の家族は一体どのように区別すると言うのか。

政治の力は、寛容と連帯を信じる人々の思いをはるかに凌いで強靭だったのか。隣人、友人、親戚といった何万人もの市民が、「間違った」民族に属しているという理由だけで殺されていった。ここに至ってボシュコとアドミラは事態の深刻さを悟った。サラエヴォは世界から見放されたのだ。人は停電や断水、厳しい寒さや飢えには耐えられたとしても、絶望的な状態には長く耐えられない。きっとボシュコとアドミラが去ろうと決めたとき、かつて知っていた街はもはや存在しないのだと思った方が離れやすかったに違いない。アドミラの友人たちは、ボシュニャク人女性がセルビアへ行くなんて正気の沙汰ではないと思ったであろう。セルビアでアドミラの身に何が待ち受けているのか。アドミラは、自分が戦争で「浄化」される運命にある民族の一人に過ぎないのだと、友人たちにどう説明したのだろうか。ボシュコと彼の母親が自分を守ってくれるのだと、自分たちが生き残る最後のチャンスはベオグラードなのだという衝動に動かされていた。

五月一八日火曜日の午後、古びたアディダスのスポーツバッグを引っ張り出し、荷造りを始めたアドミラの姿が目に浮かぶ。ボシュコはすべての準備が整ったのかを確認するために家を出る。「あまり荷物を持って行かない方がいい、一週間くらい母さんのところへ行くと考えてごらん」とアドミラに注意を促しながら。だが、この時のアドミラには想像力が不足している。一週間の旅行であれば、両親の写真も、高校時代の日記や卒業証書も持っていかないだろう。春だというのにお気に入りの冬用のワンピースも、金のブレスレットも、お守りにしていた古い人形も持って行きはしない。

それに、じっくりと腰を据えて手紙を書きもしないはず。

アドミラが荷造りを終えたのは夜分遅くだった。この終わりのない戦争に疲れ、あたかも誰もが深い眠りについているように街は静かだった。アドミラは罫線ノートから一枚の紙を破り取る。部屋にはロウソクが灯っているだけであっても、目はそのわずかな灯りに慣れてしまっている。「大好きなお父さん、お母さんへ」としたため、筆を止める。一体何を書けばいいのかしら。サラエヴォはもうボシュコには安住の地ではなく、ボスニア軍にいつ戦場に送られるかもわからないから去らなければいけないって？　民族が違うというだけで離ればなれになったり、殺されたりするかもしれないからって？　あるいは、サラエヴォに住んでいるというだけで、「ありきたりに」街角で狙撃され、殺されるのも時間の問題だということを？　お母さんもお父さんも全部わかってくれているのにね、と部屋でアドミラはひとりごちる。言うべきことも、説明することもない。親はただ、子どもたちが死を免れ、安全でいて欲しいだけ。アドミラはしばらく座っていたが、飼い猫について書こうと決めた。「猫をよろしくお願いします。泣きながらこの手紙を書いている間も、私を見て鳴いているわ。月に一度は一緒に寝て、いつも声をかけてあげてね」。それからロウソクを消して（ロウソクは貴重だった）ベッドに入り、しばらく暗闇を見つめる。

翌日、出来事の全貌はこうだったのではないかと想像する。水曜日の午後、アドミラは両親と短い抱擁をすませると家を出た。泣かないよう、振り向かないよう、相当気を強く持たねばならなかったはずだ。川岸に近づくと、ボシュコが待っているのが見えた。すぐにわかる長身の姿は、不安げに動いていた。気がつくと両手が汗でじっとりしていたが、ボシュコのもとへ駆け寄ると恐怖心はなくなっていた。一緒にいる限りすべてうまくいくわ、とアドミラは思う。

それから二人はシェルターを出て、開けた場所へと姿をさらけ出す。川の北岸を歩く。走りはしない。安全な道が保障されているのだから、その必要はないと考えている。手を繋ぎ、橋の方へ早足で向かっていく。聞こえるのは砂を踏む音と、川のせせらぎのみ。

安全が保障された場所へ近づくにつれて、ボシュコの足は早まる。お願い、ゆっくり歩いて、走れないわ、とアドミラは言おうとする。こんなにたくさん持っていくのは無理があったんだわ。余計な物が多過ぎて、肝心な時に走れないなんて。しかし、その言葉を言おうとしたとき、お腹から何か暖かいものが流れ出てくるのを感じる。驚いて下を見ると手は血だらけ、腹部には痛みが走りついに倒れ込む。離れたところで、もう動かなくなって横たわるボシュコの姿が目に入る。まるで得体の知れない力に押しのけられたよう。「おかしいわ、何も聞こえなかったのに」と思いながら、まだチャンスはあるとばかりにスポーツバッグを手に、恋人のもとへ這い寄る。力の限りボシュコの側まで進み、左手を伸ばして抱きしめるや、アドミラは意識を失う。

五月二七日、ボスコの母ラドミラが家族で唯一、サラエヴォの南にある岩肌の丘陵で行われた葬儀に参列する。アドミラの両親は、セルビア側が通行を保障しているにもかかわらず来ようとしない。もうどちらの陣営も信用できないのだ。一度も顔を合わせたことのない二つの家族が、若いカップルの脱出を救おうとし、最後に二人は運命の日を迎えた。ラドミラはアドミラのために編んだセーターを木の棺にかぶせる。それから、一握りの土を墓へと振りかける。「私の子どもたち、ここでお前たち二人は戦争の風に吹き飛ばされたのね」と言う。もう言葉も涙もない。油分の多い黄色い泥土に足を取られてたたずむ母親の様子が目に浮かぶ。ラドミラの気持ちを超えて悲しみは皆のものとなった。未来を代表する二人の若者ボシュコとアドミラは、どちらの世代も避けられなかった戦争によって過去へと葬られてしまったのだ。

（一九九三年）

未来までずっと残るはずだった橋

目の前に三枚のモスタルの写真がある。一枚は絵葉書――セピア色で彩られ、ボール紙のような荒い質感の紙に印刷されている。日付は一九五三年九月、父が初めてボスニア・ヘルツェゴヴィナを訪れた折に送ってくれたものだ。写真の中央にはスターリ・モスト――モスタルからの絵葉書といえばこの橋が欠かせない――を配し、旧市街が一部写っている。「この美しい橋を渡りながら、あなたたちのことを想っています」と、父がリエカにいる母と私宛てに記している。暖かな秋の日、橋を歩く父の姿が目に浮かぶよう。かつて、少年たちが度胸試しにと川へ飛び込んだその橋の真ん中にさしかかると、父も石の欄干から身を乗り出し、橋下の蛇のように音もなく、素早く流れるネレトヴァ川を見たのであろう。石造りの優美さに圧倒され、そこで立ち止まったに違いない。手で触れた橋からは、石ではなく人肌に触れているような、滑らかさと温かさを感じたかもしれない。四〇〇年という長い年月をかけ、渡った人たちによって橋には魂が吹き込まれ、命が宿っているように思ったのかしら。橋は一五六六年、オスマン帝国時代に建設された。一説によれば、石は卵白を混ぜた漆喰で固められているという。セルビア人、トルコ人、クロアチア人、ユダヤ人、ギリシャ人、アルバニア人、オーストリア人、ハンガリー人、カトリック教徒、正教徒、ボゴミル教徒、イスラム教徒――誰もが同じ場所で立ち止まり、同じ石の上で休息した。父が絵葉書を書いたのは、私が四歳のときだった。父はいつの日か私もモスタルの橋を見て、触れられるものだと信じて疑わなかったのだと思う。

しかし父は間違っていた。私がその感触を楽しむことはなかった。橋は永遠にそこにあるものだと愚かにも思っていた私は、モスタルを訪れはしなかったし、一方の岸からもう一方の岸へと渡ることもなかった。何百年も存続してきた橋はもはや存在しない。一一月九日、橋は一瞬にして崩れ落ちてしまった。私の橋に関する記憶といえば、この三枚の写真だけ。父からの絵葉書、新聞に掲載された橋が落ちる直前、そして崩落後のもの。もし、ずいぶん前に亡くなった父が二枚目の、橋が崩れる前に撮られた最後の写真を見たら何と言うのだろう。戦争で破壊され、その場しのぎの木の屋根で覆われた、不意の砲撃から不毛にも橋を守らんとする、黒いタイヤと土嚢が積み上げられた老いぼれた物乞いのように惨めになってしまった橋を、父はスターリ・モストだと理解できるだろうか。

橋は火曜日の朝に破壊された。父がモスタルを訪れたときのように、気持ちの良い晴れた日だった。モスタルはアドリア海からわずか一〇〇キロに位置しており、冬の到来は少し遅い。橋への砲撃は月曜日の午後から始まっていた。目撃した人の話によると、橋が崩れるのにはさほど時間がかからなかったと言う。午前一〇時三〇分ごろ造作なく落ちた。二枚目の写真を見ながら、橋の落ちる音を想像してみる。スターリ・モストほどの橋が音も立てず消えてしまうわけがない。崩落の音は、モスタルに住む人々が一度も聞いたこともないような、突如たる大地震のような轟音だったに違いない。あるいは、老木が真二つに裂けるような音だっただろうか――轟わたる凄まじい音と、その後訪れる長い静寂。橋の崩落音がどんなものであったにせよ、一瞬で川に飲み込まれてしまった。ほどなくして、まるで橋など存在しなかったかのようになった。

三枚目は新聞の切り抜きで、私は肌身話さず持ち歩いていた。カラーで、おかしな話ではあるが、三枚のうち最も美しく撮れている。降り注ぐ陽光が旧市街の屋根を照らし、石造の家々を白く染めて上げている。わずかに増水し、まばゆいばかりに輝く緑色の川は、飼い慣らされた動物のごとく岸を洗いながらゆったりと流れている。だが、橋はこの美のイメージから浮いてしまっている。石造りの長いアーチの基礎部分だけがかろうじて残っているが、それもあと三メートル短ければ橋梁の痕跡すら残ってなかったであろう。両岸にある街並みを眺めれば、理屈的にも川には橋が架かっているはずだと誰もが推測できるに違いない。その直感だけが、何かが欠けているのだと気付かせてくれる。二週間余りが経った今でも、この写真を見ると唖然としてしまう。橋はもうそこにはないのだと思うと、みぞおちに痛みが走り、喉の奥が締め付けられるように感じる。橋の不在には、死そのものが潜んでいるようだった。

モスタルの人々は皆、大人でさえも橋が落ちたのを目の当たりにし涙を流したという。私にはこのエピソードが作り話とは思えない。モスタル出身ではない人でも泣いているのを見たのだから。老齢の女性ジャーナリスト、弁護士、戦争が始まっても涙を流したことのなかった歌手。最近、新聞各社がボシュニャク人の村ストゥプニ・ドルで行われた大量虐殺の写真を掲載した。そのうちの一枚に、弧を描くように喉を切り裂かれている女性の写真があった。しかし、その写真や、似たような写真で泣いたという人はなかったと記憶している。私にも不思議でならない。なぜ、虐殺された女性の写真より崩れ落ちた橋の写真を見る方に、より心を痛めるのだろうか。おそらく、一人の女性の死の中にではなく、橋の崩壊にこそ自分の命の虚しさを見出すからであろう。人はいつか死ぬ。それはわかっている。自分の人生に終わりが来るのだと も意識している。だが、記念碑の破壊は別である。美しく風情あるあの橋は、私たちも死後もずっと残るよう造られたものだ。いわば、永遠を捉えようとする試みだったのである。橋は人間の想像力と集団の経験の産物であり、つまりは私たち一人一人の運命を超越した存在だった。亡くなった女性は私たちのうちの一人。しかし橋はすべての人間、いわば永遠を意味するのである。

ボスニア・ヘルツェゴヴィナでの戦争はもう二年目に突入した。多くの人は、戦時中起こりそうなことはあらかた経験したと思っているだろう。強制収容所、集団レイプ、民族浄化、そして包囲されたサラエヴォでじわじわと凍死していくような経験をした後では、もう生きるために想像の余地などは残されていない。だが、この戦争にはルールもなければ限度もない。もう驚くことは何一つないと思った矢先に何かが起きる——前にもまして激しく、いっそう痛ましく、より唐突に。挙句の果てに問う——誰がやったのか？　ボシュニャク人はクロアチア人だと言い、クロアチア人はボシュニャク人だと非難する。だがそんな詮索など果たして重要なのだろうか？　橋は四世紀ものあいだ人々に必要とされ、その美しさを賞賛されてきたのだ。橋を砲撃し、破壊したのは誰かなどどうでもいい。あるいはなぜ破壊したのかでさえ重要な問題ではない——むしろ破壊は人間の本質の一部なのだ。問題は、橋を必要としないのは一体誰なのか、ということだ。私には、自分自身や子どもの未来を信じない人に、このような橋は必要ないのだという答えしか言えそうもない。つまり、私にとってはスターリ・モストが写っていないモスタルの写真、ということになる。だからこそ私は——破壊した人たちが誰であれ——この文明、つまり時間という観念、未来という観念の上に築かれる文明には属さないと断言する。橋を落とした者たちは文明そのものへの蛮行を働いたのだ。

古い絵葉書を手に、どうして私はモスタルへ行かなかったのかと悔やんでいる。父はもうこの世にはいない。写真のセピア色も色褪せてしまった。モスタルの、スターリ・モストを中央に配した現在の絵葉書もやがて失われてしまうかもしれない。私の娘が覚えているのは、昔々、長い長い戦争でばらばらになってしまった国に存在したという、美しい橋の物語だけであろう。そして私自身もまた、現実の橋にまつわる思い出を持ってはいない。今まさに、心に残る記憶を何よりも欲しているというのに。

（一九九三年）

ウィーンでクリスマス・ショッピング

もう、私ったらどうしてお母さんを買い物になんて連れ出したのかしら。多分、元気を出してもらおうと思ったのよ。お金を貯めて、お母さんと自分にちょっとしたプレゼントを買おうって。それに、ショッピングって楽しいじゃない。ウィーンのマリアヒルファー通りはクリスマスツリーやカラフルな色とりどりのイルミネーションで彩られていて、店のウィンドウにはまばゆいばかりの人工雪、リボン、金の星が並び、派手なネオンで夜だというのに昼みたい。街角のあたり一面が映画に出てくるような、ちょっと現実離れしている感じ。だけど、皆モルドワインや、焼き栗やクラプフェンなんかを楽しんだりしていて、私も一緒になっていつもとは違う気分を味わっているの。

でもお母さんは、初めての大都会に戸惑っているみたい――かなりね。これまで行った一番大きな都市といえば、私たちの小さな町ルカヴィツァからバスで三〇分ほど離れたトゥズラ。お母さんはトゥズラで服や生活必需品を買ったり、医者に診てもらったりしていたわ。お父さんと私はそうはいかなかったけれど。お父さんはトラックの運転手で、どこへだって行けてしまう。私はと言えばトゥズラの中等教育学校に通っていて、戦争が始まったときまだ一年生を終えたばかりだった。でも、もうその歳にはサラエヴォやベオグラード、ザグレブへも行ったことがあったわ。一九九一年の修学旅行ではドゥブロヴニクだって見ているのよ。学校へ行くのが好きだった。本当に。クラスの女子たち、放課後にメインストリートを散歩した頃が懐かしい。

今では何もかもが違う。ルカヴィツァを離れて七か月。「離れる」という表現は正確じゃないわね、だって私たちは逃げたのだから。ザグレブ近郊の難民キャンプで夏を越した後、母方の叔父さんが私たちを迎えに来てウィーンへ連れて行ってくれたの。今では二人でアルバイターガッセ通りにある叔父さんの小さなレストランを手伝っているわ。まずまずといったところよ、私にとってはね。叔父さんの奥さんはオーストリア人で、ドイツ語を少しだけ教えてもらったわ。お母さんにとっても何か夢中になれるものがあるのは良いと思うの——そうじゃなきゃ、ほとんどの時間をぼんやりと虚ろに過ごしてしまうでしょう。最近、私たちの家が放火され、お父さんが殺されたって、でもその後生きている姿を目撃されたって耳にしたわ……。不安を抱えて生きていくのは大変。だから私たちは待つの。あるいは、何かを待っているのだと信じている、とでも言うのかしら——お父さんからの連絡や、私たちが家に帰る日を……。これが紛れもない私たちの人生。でも、自分たちは幸運だった、生き延びてボスニアから脱出したのだから、と自分にずっと言い聞かせているわ。時々お母さんにもそう言うの。聞いて、私たちは幸運だったのよ！　って。お母さんったらいつも黒い服を着ていて、私もつい怒り口調になってしまう。今まで身に着けたこともなかった黒いスカーフで頭を覆って、まるで未亡人みたい。どうして悲壮な顔をしているのよ。お父さんは死んでないかもしれないのに、生き埋めにするつもり！って叫んだこともあるくらいよ。為す術もないのか、お母さんは肩をすくめる。きっとそうやってお母さんは過ぎ去った日々や、二度と戻りはしない出来事を思い、悲しみに暮れているんだと思うと心苦しくなるの。

ウィーンの女性はお母さんみたいな格好をしていないって気づいたわ。たぶん未亡人だってしていないと思う。頭にスカーフを巻いている女性を見れば、ボシュニャク人やトルコ人、あるいはロマだとわかる。お母さんを恥じているわけではないの。恥じることなんて何もないし。だってすべてを失ったのは自分たちのせいではないのだから。でも街角では、もっとこう、なんと言うのかしら……オーストリアっぽく見えるようにしたいの。それに、三九歳のお母さんはまだまだ綺麗なのに、スカーフを巻くと老けて見えるし外国人だってわかってしまう。

私たちが住んでいるのは、マリアヒルファーに交わる小さな通り。シュトゥンペルガッセと言って、かつてヒトラーが住んでいたと聞いているわ。想像してみて、ヒトラーよ！　そう思うと、少し怖くなる。何だか不吉なサインだなって思ったけれど、通りは綺麗なの。三階建てや四階建ての色あせた建物に、パン屋、美容院、花屋といった小さなお店が並んでいて、何となく見覚えのある故郷の街並みのよう。私はマリアヒルファー通りに向かってゆっくりと歩いて、角で深呼吸をして光と空間を眺めるのが好き。窓や窓辺を眺めていると、生きていてよかったなって思う。

私は香水に目がなくて。気分を最高に上げてくれるじゃない？　香水であれば瓶、チューブ、クリーム、全種類持っていたいくらい。私はまったく化粧をしないし。だってお母さんが嫌がるのよ。テスターの香水を手首につけるだけ。服に付いたレストランの料理の重くて油っぽい臭いが消えて、一瞬だけ気分が晴れるの。来たばかりの頃は、オーストリア人の叔母さんの付き添いなしでお店に入る勇気はなかった。でも叔母さんは、ここでは買わなくても試着してもいいのよ、と教えてくれて。洋服や靴の試着は、いつしか私のお気に入りの過ごし方になったわ。素敵なものに憧れているだけだし――買うだけのお金ができるかどうかはわからないしね。でも少なくとも、しばらくの間は空想の世界に浸っていられるの。

私は舞台女優になりたかった。学校に小さな劇団があって、オフィーリアを演じたことだってあるわ。文学の先生も私の演技を褒めてくれたし。先生は演劇だって詳しいはず。だって先生はサラエヴォで勉強したこともあるのよ。でもすべてはもうずっと昔のこと……。家も故郷もない私の身の振り方は神のみぞ知るってところね。生きている間は難民にならないように祈るばかり。将来は違う何かになって、もっといい人生を送りたいわ。叔父さんは私を笑うの。まだ一五歳なんだぞ、おまえは。あと数年もすれば、戦争も、どこから来たのかも、自分の言葉すら忘れてしまうんだって。でも、私はそうならないと思う。自分の言葉はそう簡単に忘れはしないし、近所や友達のことだって。親友のアズラ、おじいちゃん、おばあちゃん、飼い犬のドン――いつもドンのことを思い出すわ――をどうやったら忘れられるの。あの子を置いていかなければならなかったのに。

まだお母さんに伝えていないのだけれど、たとえ帰れるとしても私は戻らないわ。ここに残ると決めているの。女優にも医者――お母さんは私に医者になって欲しかったみたい――にもならない。ウェイトレスになるわ。それって悪いことなのかしら？　でも、私にはお母さんに伝える強さはなくって。だって今のお母さんをこれ以上の失望させる必要ないんだもの。儚げな表情で、周囲なんて見たくないかのように頭をがっくり下げてしまっている。クリスマス前の街の美しさも気に障るみたい。それとも完全に間違っているのは私で、お母さんの様子は街のせいじゃなくて、人間関係からきているのかも。私たち二人は戦争から誰も信用してはいけないと学んだわ。隣人だって、友人だってそう。親戚ならきっと大丈夫。お母さんは恐怖に怯えながらマリアヒルファー周辺を歩いているけれど、手を握る以外に私に一体何ができるというのかしら。

一週間前、人道支援団体だったかな、それとも女性団体だったかもしれないけれど訪問を受けたの。その女性スタッフは、お母さんに自宅で目撃したことを話して欲しいと言っていたわ。そこで女性たちはどうなったのです？　拷問されたのですか、それともレイプされたのでしょうか？　落ち着かない様子で、期待に目を輝かせて尋ねていたわ。お母さんは、何も知らないし、何も見ていません、と何度も繰り返すだけ。でも、私にはその答えが本当じゃないってわかっていた。お母さんが一人で経験した辛い出来事を知っていたけれど、私も口をつぐんでいたわ。だって知っていることを口にしてしまえば、お母さんを裏切ってしまうもの。私にはそんなことは出来っこなかった。結局その女性は怒って帰っていったわ。お母さんが何も言わなかったのは、いつの日か家に帰って最悪の出来事を忘れようとしているからだと思う。ただ、私たちにはもう家はないんだって理解しがたくて。お母さんを見ていると、その気持ちがよくわかる。家事をするか、部屋の隅に座って自分の手や靴を何だかとても興味深そうに見つめているだけだけれど。

買いたいものがあるの――レースのブラジャーよ。前にパルマーズのショーウィンドウで見たことがあって。私にしては大胆な発想だったかしら。初めてのブラジャーだし、つけたら大人になれるんじゃないかなって思って。お母さんにはレースとは言わなかったけど、ブラジャーが欲しいと伝えたらうなずいてくれたから賛成ってことかしら。でも、お母さんへのプレゼントは何がいいかしら。喜んでくれそうなものってなかなか思いつかないな。新品の黒いスカーフ？　なんてあげたくないな。暖かいストッキングなんてどうかしら？　うん、それがいいわ。暖かくしてもらいたいもの。

パルマーズの大店舗はマリアヒルファー通りの反対側の端にあって、歩いて二〇分はかかる。まずはカフェに行こうかしら。お母さんが家で淹れるコーヒー――ジェズバという銅鍋で煮出すもので、私たちはトルココーヒーと呼んでいるわ――じゃなくて。叔父さんの家にもジェズバがあるから、朝には昔とみたいに飲めるから嬉しいわ。トルココーヒーの淹れ方は、まずコーヒー生豆を焙煎して、昔ながらのグラインド式のミルで挽くの。それから煮出して飲むのだけど、それがまた面白いのよ。カップにスプーン一杯の砂糖を入れる、というのではなくコーヒーを一口飲むごとに角砂糖を浸してちゅっと吸うの。隣人のボシュニャク人女性から教わったのだと思う。お母さんの一日のなかで、この習慣が唯一の楽しみ。アパート全体に立ち籠めるコーヒーの香り。土曜の朝、ボスニアにあった自分たちの家でこの香りに包まれて目覚めていたのを思い出すわ。この時ばかりは、「帰りたいな」って思うのよ。

一杯たった七シリングのエドゥショーのカフェバーに、お母さんと一緒にコーヒーを飲みに入る。もちろん立ち飲み。通りの向こう側にある格調高いカフェに行けばいいのだけれど、お母さんが嫌がるの。私には場違いだわ、って。ウィーンにいるのにいつまでそう思っているのかしら。通りを隔てたカフェではテーブルを囲んだ老婦人たちがウィーン名物のメランジェを飲んでいて、足元には何匹かの小犬が座っているわ。私にはお母さんの気持ちがよくわかる。カフェに犬なんて！　でもね、エドゥショーだって心地よい場所なの。コーヒーの美味しそうな香りが漂っていて、カウンターのとても親切な女性が私たちを「レディ」と呼んでくれるわ。そうではないって一目でわかるのにね。お母さんにはエスプレッソを、自分にはメランジェを、それから焼き菓子を一つずつ注文する。マドレーヌといって、学校のフランス語の授業で覚えた焼き菓子よ。マルセル・プルーストは菩提樹のハーブティーに浸して食べて、幼少時代を思い出していたかしら。私は自分の幼少時代を思い出したくもないわ。お母さんはプルーストを知らなかったけれど、マドレーヌをコーヒーに浸し微笑んでくれたから、二人とも幸せ。

ダグラスの香水売り場は、絶対に立ち寄らなくちゃ。素敵なヘアブラシやコームが並んでいるときは特に。いつか叔母さんが読んでいたファッション雑誌に載っていたような、金色のライン入りのエレガントなブラシがいいわ。同じようなブラシで長い髪をとかしている女の子を見たことがあって。最近までお母さんは綺麗なブラウンのロングヘアだった。太陽の下で乾かしているときなんて、輝くばかりの艶髪だったのよ。でもその後に収容所で髪を短く切ってしまったわ。耳を出したいからってお母さんは言ったけれど、私は騙されはしなかった。ショートの方がよかったのだとしたら、しばらく私の髪は切らなかった理由は何？　髪を切ったのは、すべて白髪になってしまったからなのよ。それもたった一晩で。本当はお母さんに金色のヘアブラシを買ってあげたかったけれど、気が変わったわ。ブラシは昔の長い髪を思い出させるかもしれないし、とてもプレゼントする気にはなれやしないもの。

お母さんは菓子店の前で立ち止まり、陳列されたフルーツケーキやパイ、焼き菓子、ビスケット、イチゴやチェリーといった果物のフルーツタルト、マジパンで作られた子豚、チョコレートでできた角を生やし舌を出した悪魔をじっくりと眺めている。ねえお母さん、ケーキを食べてみない？　と聞いてみる。するとちょっと驚いた様子でこちらを振り返る。すごいなって思っているだけよ。それに、こんなにたくさん種類があるなかで、どう選んだらいいのかしら？　って言うの。ここはお母さんの意見に同意せざるを得ないわね。私だって靴を見るときは同じような気持ちになるから。種類がありすぎると、買う気をそがれてしまってなかなか決められない。まずは試してみなくちゃね。いろんな種類のケーキを食べて、どんな味か知っていくの。毎日違うケーキを試していってみたらいいんじゃないかしら、と私は言ってみる。お母さんがまた笑ってくれた。今日二回目の笑顔。悪くないわ。お母さんもこのクリスマスの雰囲気に心動かされたのかしら。

教会に近づくにつれ、お母さんの雰囲気が突如変わる。蝋と乳香の香りが漂う薄暗い内部へと足を踏み入れる。お母さんは蝋燭を灯してひざまずき、木のベンチでしばし祈りを捧げている。パチパチと蝋燭が燃える音が聞こえるほど、辺りは静まり返っている。お母さんはお父さんのために祈っているんだわ。私はお父さんが生きているって信じてる。ずっと信じてるの……いつまでそうしていられるかはわからないけれど。でも、私は教会に長い間いるのは好きじゃない。家の窓から外を眺め続けていたいわ。お母さんの肩にそっと触れてみる。こちらを振り返ると、泣いていた。何か言葉をかけてあげられたなら、慰めてあげられたならいいのだけれど。でも、お母さんはいつもの自分を取り戻す術を知っている。鼻を拭ったらおしまい。悲しみの瞬間が過ぎ去ったんだってわかるわ。

やっとパルマーズの店舗に近づいてきた。ショーウィンドウを眺めてみる。すごく綺麗。ここは展示品を頻繁に入れ替えて、毎回新商品を並べているの。今回は黒と赤でコーディネートされたブラジャー、ショーツ、靴下、体型補正下着やコルセットが並んでいる。私はレースの下着が好き。持っているわけじゃないけれど、レースが繊細で、透け感があって目を楽しませてくれるもの。お母さんもパルマーズの高級感に一瞬見惚れるけれど、この店が好きじゃないのか、雰囲気が身分を害するのか落ち着かない様子だわ。それでも私はブラジャーを買おうと思い、一緒に店に入る。真っ赤な口元で異様な笑みを浮かべる年配の女性スタッフが近づいてくる。試着を、と思い、白いレースのブラジャーを指差す——自分のサイズがまだわからないから、念のためサイズ違いも。スタッフの顔にはファンデーションが厚く塗られ、刻まれた皺は繊細な蜘蛛の巣のよう。真っ赤な口紅が唇の周りの小さな皺に滲んでいるのを見て、気持ちがざわつく。その不快なイメージを抑えつつ、ブラジャーを手に試着室へと入っていく。お母さんをちらっと見やると、ポケットに両手を深くつっこみ、麻痺したように立ち尽くしている。

セーターとTシャツを脱ぐ。試着室には姿見があって、自分の胸や腹部、肩が見える。こんなふうに裸になるのって苦痛だわ。兵士たちの前に裸で立った夜、お母さんも同じように感じたのかしら。いや、考えたくない。でもあの音、あの言葉、あの恐怖が蘇ってくる。お母さんは私が知らないと思っているのかもしれない。それとも、せめてそうだと思いたいのかしら。私たちはそのことに一切触れないできた。セルビア兵が村に入ってきてから四日後の出来事だった。お母さんは私を屋根裏部屋に匿ってくれたの。

翌日の早朝、一階に降りてみるとお母さんはいたって冷静だった。私たちの荷物も、朝食も用意されていた。言われたとおりに、衣類や食料を詰めたバッグを一人一つずつ持って行った。二度と自分の家に戻れないときって、一体何を持って行けばいいの？　最後の最後に家族写真が頭に浮かんだ。写真がないと過去がなくなる、とどこかで読んだことがあったから。家族のアルバムを手に取りバッグに入れた。正しいことをしたんだって今でも思ってる。お母さんはしょっちゅうお父さんや家、赤ちゃんの頃の私、近所の人の写真を見ているわ。そして泣くの。もちろん泣くのだけれど、かつて私たちには今とは違う人生が、それも素敵な過去があったという証拠を手にしているのは確かよ。思い出すのは大切なんだって感じるわ。

それからザグレブへ向かったのだけれど、朝早く出発したから、その日の終わりにお母さんがスカーフを脱ぐまで私は変化に気づかなかった。髪が真っ白になっていたなんて。ショックを受けお母さんを見つめていると、苦痛に満ちた眼差しで私を見返していたのを思い出すわ。終わったの、もう終わったことなのよ、と言って私を抱きしめた。何で、どうして？　と聞きたかった。でもその代わりに、私はただお母さんの肩に身体を預けた。あの夜、何か耳にしたかと問われるかなって思ったけれど、聞かれなかった。私も何も言わなかったし、これからだって触れることはないわ。ただ、涙が頬を伝うだけ。

でもほら、今だって私は泣いているわ。これじゃダメなのよ。もう終わったことなのよ、というお母さんの言葉を思い返さなくちゃ。お母さんは私に泣いてほしくなんてないの。今、ウィーンの真ん中で。私には幸せになってほしいと思ってくれている。今年のクリスマスは楽しく過ごすのよ！　だって私は運が良かったのだから。でも、つらいわ。裸になるのが。こうして裸で立つのは、鏡の前でも苦しいの。それに、ブラジャーなんて必要ないのかもしれない。だってやっぱり私の胸はまだこんなに小さいのだもの。

試着室から出てみると、お母さんがストッキングを眺めている。やった、大正解。ぴったりのプレゼントだったみたいね。私はお母さんにウールのストッキングを、それから自分用にも黒じゃない、茶色のストッキングを買うことにしたわ。赤い唇のスタッフに、プレゼント用にお包みしましょうかと尋ねられた。その唇が何を連想させるか、今わかった。あのとき見た血のシミ……。いや、思い出したくない。もう忘れたいのよ。スタッフの顔から目をそらし、深呼吸する。そうですね、素敵な包装にしてください、と伝える。ストッキングを一足ずつ銀の包装紙で包み、赤いリボンを結んでくれる。一つはお母さんに渡す。私たち二人は大切な荷物を抱え、クリスマスのショッピングから帰途につく。手に手を取り合って。

（一九九三年）

他者について、三人の独白

一

ミーラ・V、四一歳、ヴェリツァ・V（一〇歳）の母親
学校心理士への話

はい、私が学校に呼ばれた理由は十分わかっています。先生がおっしゃるには、ヴェリツァはこの一週間一言も発していないそうです。ただ沈黙し、黙っています。宿題はきちんとこなしていますし、黒板の前に呼ばれたら板書もするけれど、何を聞かれても口は開かないのです。感情のない子。先日先生からお電話で、どうしていいのかわからない、なぜヴェリツァは喋ろうとしないのですか？　もちろんヴェリツァは素晴らしい生徒なのですよ、と言われました。私は、先生（自分が子どもだった頃のように、同志先生と呼んでしまいそうでした）娘は家でも喋らないのです、と答えました。昼食の献立について尋ねもしませんし、ありがとうの言葉も、何かお願いされることもないのです――何一つ！　心理士さんは教養のある女性で新聞も読まれるでしょうし、テレビも観ていらっしゃる。ヴェリツァの父親が逮捕されたこともご存知でしょう。何でもお分かりだと思います。先生だって、ごもっともです、事件のことは承知していますとおっしゃってくださっています。でも心配なのはヴェリツァです。あの子には助けが必要なのです。このままだと医者に診てもらわなきゃならないのですから。

家庭でも学校でもだんまりは続きました。ねえヴェリツァ、どうしちゃったの？　ママに教えて、と娘に伝えました。でも黒く大きな瞳で私を見るだけで、自分の部屋に閉じこもり音楽を聴いているんです。それも大音量で。子どもがショックを受けるのはわかりますし、私だって――他に誰がいるのでしょうか――父親が刑務所にいる理由を娘にちゃんと説明しなくてはいけません。他にも刑務所にいるべき人を何人か知っていますが、捕まっていません。ですが私たちの身には起こってしまったのです。

ただ、娘にはまだ伝えられていません。何の説明にもならない気がするのです。それで私はキッチンで泣いています。子どもは落第しそうですし、夫は警察に連行されてしまいました。私たちはどうなってしまうのでしょう？　どこに行けばいいのか、誰に相談すればいいのか、こんなことになるなんて、私が神様に何をしたというのでしょうか。もし……と考えたところで、何の解決にもなりません。ごめんなさいね、少し、涙が出てきてしまいました。もうたくさんです。自暴自棄になっています。教えてください、どうやって娘に説明したらいいのでしょう。どんな風に？　何と言ってあげればいいのでしょうか。しかも娘は戦後生まれの子どもなのですよ。どうしたらこの出来事の全貌を理解できるというのでしょう。

ああ、お水をありがとうございます。楽になりました。

どこから始めればいいのかしら。ヴェリツァの誕生から？　戦争から？　それともあの因果なテレビ番組からでしょうか。家ではいつもテレビを付けていて、夫はニュースやスポーツを、私はいわゆるメロドラマを視聴しています。娘はアニメや音楽番組を――宿題をするときに見ますよね？　その日は夫とテレビの前に座っていました。正確に言えば、私はキッチンで細々と動いていたのですが、スレブレニツァに関する映像が流れはじめたようなのです。私は注意深く見ていなかったし、そんな気もさらさらありませんでした。戦争とかスレブレニツァとか、そういう出来事は忘れたいのですから。夜中に夫が目を覚まし、叫ぶのを目の当たりにします。汗だくだったこともあるのですよ。私にはなだめるのがやっとです。それでリビングに視線を向けてみると、ソファに座り、すっかり硬直してしまった夫の姿が目に入りました。幽霊でも観ているかのようにテレビを見つめているのです。画面では複数の兵士が、五、六人の青年を連れ立っていました。青年たちは両手を後ろ手に縛り付けられていました。よく見てみると、迷彩色の軍服を身につけた自分の夫がいるような気がしました！　でも、確信は持てませんでした。その時はまだ何も知りませんでしたし。私はテレビと夫の顔を交互に見ていたのですが、彼は瞬きもせず何だか奇妙でした。その瞬間です。罵声を浴びせる聞き覚えのある夫の声、それから銃声が聞こえてきたのです。発砲する兵士たち。青年は次々と地面に倒れ込みました。

地面に倒れた死者を夫が足蹴にするのを見てしまったのには参りました。あんなに若い子を。それから夫はテレビを消しました。もう終わりだ、クソ野郎どもめ、と言って両手で頭を抱えています。その手を取り、何が終わったのかと尋ねてみる。夫は私を乱暴に突き飛ばし、今にも殴りかかろうとしてきました。振り向くと、ヴェリツァが。ずっと自室のドアの前に立ち、すべてを見ていたようです。ヴェリツァは青ざめた顔をし、死人のように立ち私たちを眺めています。頬をつたう涙。

ちょっと、ヴェリツァ！　遠くからわが子を呼ぶ私。ヴェリツァはほんの数歩離れた場所に立っているのに。立ち上がる夫。娘に向かって歩みを進める。父の目の前でドアを叩きつけ、鍵をかけるヴェリツァ――きれいに回る鍵の音。夫は猛然と部屋のドアを拳で殴りつける。開けろ、今すぐドアを開けるんだ！　放っといてあげて、あの子をそっとしておいてあげてちょうだい、と叫ぶ私。やっとの思いで夫をソファに引きずり戻しました。私は、苦境に立たされた夫が娘を殴るのではないかと心配になったのです。ドアを殴りつけた理由はわかりません。テレビに映る自分の姿を娘に見られるのが嫌だったのでしょうね。そう思います。

それから、夫は突然力が抜けたように倒れ込みました。空っぽの袋みたいにソファーに倒れこんだのです。私は夫を気の毒に思いました。強い酒を一口飲めば落ち着くだろうと思い、棚からラキヤの瓶を取り出しました。やっとのことでタバコに火をつける夫。何てことなの、私だって一服したいわ。

私たちはそんな風に座り、飲み、黙っていました。だって、何を言ったらいいのでしょう。翌日の早朝、誰かが呼び鈴を鳴らしている。わかってる、警察が迎えに来たのです。今、夫は刑務所で裁判を待っています――ご存知だと思いますが。映像を見たその瞬間から、ヴェリツァはもう何も話さなくなりました。

夫を庇おうというのではありません。裁判で反論すればいいのです。でも……

ヴェリツァが生まれたのは一九九五年、戦後、秋のことでした。私たちはクライナ地方のクニンからここへやって来ました。私は難民で、嵐[1]を逃れて来たのですがすでにお腹は大きくなっていました。出産間近だったのです。夫はクニンを先に出ていました。JNA[2]の大尉でした。それからSAOクライナ軍[3]の司令官となりました。先にこちらへ来て志願していたようです。蠍[4]にだと思います。私に何がわかるというのでしょう。夫はどこにいて何をしているのかといった類のことは教えてくれませんでした。定期的に送金してくれてはいましたが。そうやって生活してきたのです。夫はずっと職業軍人でしたし、他の仕事の経験はありません。私は、嵐まではクニンのデパートでレジ打ちをしていました。

屋根も葺き終わり、家も完成するところでした。私はすでに三〇歳で、出産準備も整っていました。戦争には必ず終わりが来ると考えていました……。いえ、違いますね、あそこにとどまるわけにはいきませんでした。それでクロアチア人に家をどうにか売却しました。誠実な人たちで、しっかり支払いもしてくれました。ここに落ち着けたらもう十分です。他の人たちの身に降りかかった出来事を思えば、私たちはまずまず——一週間前まではそう思っていました。

---

(1) Operacija Oluja　嵐作戦。一九九五年八月に展開された、クロアチア軍による最大級の軍事作戦。エルドゥト合意で終結。かつての軍政国境地帯、クライナ・セルビア人共和国からおよそ一五万～二〇万人のセルビア人難民を生んだ。
(2) Jugoslovenska narodna armija　ユーゴスラヴィア人民軍。
(3) Srpska autonomna oblast Krajina　クライナ・セルビア人自治区。
(4) Škorpioni　セルビア人によって組織された民兵組織。スレブレニツァの虐殺などにも加担し、元メンバーはセルビアで有罪判決を受けている。

夫は少しの間、志願兵として所属していました。一年くらい。あの番組がなければすべてうまくいっていたはずです。ヴェリツァが画面の父親を見ていなかったら……皆が夫を見ていなかったら。

夫は悪い人ではありません。もちろん、彼に罪がないとは言いません。殺したのですから責任を取るべきです。ただ戦後生まれの子どもに、戦争があったと、戦争では人が殺されるのだとどう説明すればいいのでしょうか。誰か教えてください。娘の父親を裁くのであれば、戦争自体を裁かなければなりません。私は少なくともそう思います。すべての戦争が同じとは限りませんし、例えば、自分の身を守ってのやむを得ない行為だってあります。あるいは国を防衛する場合もまた、考慮されるはずです。

では、娘の父親が人を撃ち、殺すようになった経緯はどうでしょう。他にもたくさんの人が殺されましたが、運が良かったのか誰も映像を残してはいません。今、かつての兵士たちは沈黙しています。耳を塞ぎ、彼らが何をしたのか誰も知る由もないのです……。

この青年たちが兵士ではなく民間人だったのは知られています。だから夫は出廷しなければなりません。私は夫を擁護するつもりはありません、民間人を撃ったのですから弁解の余地もありません――なかには未成年もいたと聞きます。そうは言うものの、クライナで私たち民間人が撃たれても、誰が民間人で誰がそうでないかを問う人はいませんでした。つまり、この戦争はどのように始まったのか、なぜ私たち全員を巻き込んだのかを人には理解し難いのではないでしょうか。スレブレニツァのあのボシュニャク人青年たちが、なぜ私たちの敵になってしまったのか。あるいは、クライナのクロアチア人がどうして私たちの敵になってしまったのか。

娘の父親がなぜ人殺しになってしまったのか。娘の先生はどうして説明してくれないのでしょう。先生なら私たちよりもわかっていらっしゃるはずなのに。ヴェリツァの父親は有罪になるでしょう。でも戦争を始めた政治家や、指揮した将軍はどうです？　皆、元気に暮らしていて、逮捕もされていませんよ。まるで戦争なんてなかったかのように。それでも夫一人が有罪になるなんて耐えられないですし、ここで裁かれるかもしれない一〇〇人ほどの小者らが有罪になるのもあり得ないので、きちんと話し合われるべきでしょう。

こういうことは黙っていてはダメなのだと、今わかりました。例えば、私は一九六五年生まれですが、他の民族――クロアチア人、ボシュニャク人、アルバニア人など、私が知る限り皆――は敵ではありませんでしたし、共に暮らし、学校に通い、結婚だってしていました。でもヴェリツァには、父親が激変したわけをどう伝えたらいいのかわかりません……。無理なのです、もう話せやしません。実を言えば、私にとっては夫が裁かれているほうが楽なのです。夜な夜な訪ねてくる死者たちと暮らすのは、夫にとって容易ではなかったのですから。

でも、どうしてヴェリツァは母親である私とも話してくれないのでしょう。喧嘩したわけではないですし、私のせいでもないのですよ！

実際のところ、どうなのでしょう。娘の沈黙の理由は私にあるのかもしれません。私の夫は軍人でした。それも戦時中に。私は疑問に思いはしませんでした。頭をもたげ、夫の、政治家、指導者たちの話を聞いていました。ヴェリツァが生まれたときには、すべて忘れてしまいたいとも思いました。戦争がこの子に何の関係があるのでしょう。

でも今なら、関係があるのだとわかります。

二

ヨシップ・P、三二歳

未放送のラジオインタビュー

俺は志願兵だった。スラヴォニアで戦争が始まったときは一七歳。高校二年生を終えたばかりで、不良仲間やクラスの友達、皆が志願していたよ。だって、他に何ができたと言うんだ？　自分だけ行かないというわけにもいかないだろう？　でも、自分にとってはすべてにおいて現実味がなかったし、皆だって違和感を持っていたさ……なぜって俺たちはセルビア人と一緒に育ち、同じ学校に通っていたのだから。誰が何人かも知らなかったし、あまり気にもしていなかったんだ。

極限に追い込まれるまでは……。

はじめはボーイスカウトのキャンプみたいなものだった。制服も武器もなかった。昼間にライフルを一、二丁を使って練習し、夕方になると帰宅する。

それから作戦が実行に移されるようになり、本当の騒動が訪れた。それが戦争だったのか、そもそも戦争が何かなんてことは理解していなかったよ。同級生が殺されるまではね。仲間内で最初に死んだのがそいつ、ルカという名前だった。痩せていて小柄の、ちょっとどんくさい、走るのも苦手だった奴さ。戦死だった。腹を銃弾にやられてね。俺たちはルカを安全な場所まで運んだ。すでに陣営を構えていたし、病院までは距離があった。でも司令官に、病院に連れて行きたい、同級生だから救いたいと伝えたんだ。司令官は車を手配するように言ってくれた。俺たちはルカをザスタヴァ(5)の後部座席に乗せて出発した。運転していたのは旅団の先輩、ダミール。先輩は一刻も早く着こうとがむしゃらに運転していて、荒れた道路のせいで車が飛び跳ねていた。ルカは、もう放っておいてくれ、病院に行っても無駄だと泣き叫んでいた。もうダメだとわかっていたのだと思う。黙ってろ、無駄な体力を使うな、あきらめたら終わるぞ、と俺は言ってやった。

友がもがき苦しむ姿を見るのは辛かった。死人みたいな顔色とはよく言うけれど、ルカの額からは汗が流れ落ち、腹部の血痕はどんどん大きくなっていって……。

病院に着いたのは二時間後。病院は半壊していた。自分たちとほとんど変わらない年齢の若い医者が、すぐにルカに注射を打った。モルヒネだと思う。苦しませないように、ということだった。医者は傷口を見て、手術をする意味はないと告げた。この男性には助かる見込みはありません、出血の量が多すぎます。あなたはここに、ご友人の隣に座ってください、もう長くはないでしょう、ってね。

ルカは眠るように、安らかに死んでいった。

そう、そのときから自分にとっての戦争が始まったんだ。それまでの一切合切——戦車、砲撃、負傷者、死者——は大したことではなくなってしまった! 廃墟と化したあの病院で、ルカの手を握りながら自分の中で何かが起こっているのを実感したのだから。ルカを死に追い

(5) Zastava　ユーゴスラヴィアの大衆車。欧米にユーゴ(Yugo)の名で輸出もされていた。

やった奴等に対し、どれほど怒りが募ったか。ルカの死が俺を変えたんだ。間違いなく。

後に、他の人々も友人や親戚、隣人など、身近な人が亡くなると自分の中で何かが壊れると話しているのを耳にした。人はまず猛烈な憤りを覚え、我慢の限界を超えるとライフルや爆弾を持って敵陣へと走り出したくなるのだと。

俺もそうはならないように気をつけなければならなかった。無駄に兵士を失ったのも一度や二度ではない。人間は石でできているわけではないので、暴れだすともう止められはしない。その激しい反応の後には、ある種の無関心が俺を襲った。無関心という言葉は適切ではないんだが……何だろう、何も感じないというか。もはや自分は人間ではなく、ロボットにでもなったような感じだった。殺戮マシーンになってしまうなんて最悪だろ。

実を言うと、マルコのことがあったから洗いざらい話しているんだ。どうしてこんなことになってしまったのか、あんたにも、そして俺にも理解できるんじゃないかと思ってさ。

マルコはセルビア人だったけれど、一緒に戦争に行った十数人の不良仲間の一人だった。アンテって奴が彼の親友。ある日、アンテの両親、アンキッツァとマリヤン——俺もよく知っている——が、家の中で死んでいるのが見つかった。喉をかき切られていたのさ。その後の経緯や事情はわからないけれど、誰かがアンテの家でマルコを見たと言ったのか、あるいは誰かが居合わせたのだと聞いただけなのか、よくわからなかった……。とにかく、グループのメンバーも、犯人はマルコではないかと思っていた。でも、今になって考えてみると確信はもう持てやしない。

まあ、順を追って話をさせてくれないか。

あの日、俺たちが通っていた小学校の廃墟に集まったんだ。酒を飲み、冗談を言い合っていて……。そしたら、アンテがマルコに向かって、みんなに聞こえるような大きな声で「おまえは俺の無二の親友だよな？」と尋ねたのさ。もちろんだ、とマルコは答えた。するとアンテが、二人は兄弟のように育ったよな、と問い詰めていった。皆、もう黙って聞いているしかなかった。なんだか奇妙で、不自然で、次はどうなるのかと待ち構えていた。そう、アンテはマルコを見定めようとしていたんだ。俺の家で一〇〇回は昼食や夕食を共にしたよな。母さんが手術で入院している間、一緒に暮らしたのは覚えているか？　覚えてるに決まってるだろ、忘れるなんてあり得ない、とマルコは緊張しながら答えていく。

じゃあ、一体どうして俺の親を殺したんだよ？　よくもまあ、とアンテは言う。

廃墟は静寂に包まれていた。皆、マルコを見ていた。誰一人として何も言わなかった。マルコはアンテを、それから俺たちを、一体どうしたんだよという感じで見た。その顔にはまず驚きが、続いて恐怖の色が浮かんでいた。すでに午後遅くになっていた。熱気と、割れた窓から差し込む日差しと、なんとなく重苦しい空気。喉の奥に何かが引っかかっているみたいだった。

俺じゃない、と真顔のマルコはアンテの目を真っ直ぐに見て言った。アンテはマルコに飛びかかり、拳で頭を殴った。嘘つきめ、と怒鳴りつけた。マルコは唇の血を手で拭った。そんなことは絶対にしない、友達だろ、信じろよ、とじっと落ち着いて言った。

だが、その言葉がさらにアンテを激怒させたようだった。信じろよ、だって？　俺に命令するんじゃねぇ、わかったか、と一際きつく叫んだ。親が殺されたんだぞ。お前が殺してないのなら、お前の仲間の誰かだろうよ！　マルコは未だ冷静に、明らかに我を忘れているアンテを落ち着かせようと、話をしようとしていた。

　俺たち残りのメンバーで二人を囲んだ。

　奴らは俺の仲間じゃないが、おまえたちは仲間だよな。一体、俺が戦っているのはおまえたちなのか、奴らなのか。俺にとって父と母のような存在だったアンキッツァおばさんやマリヤンおじさんを殺せると思うなんてどうかしてるんじゃないか、とマルコは言った。

　そこでアンテは泣き崩れた。背が高く、大きな身体で、小さな子どものように泣き崩れたんだ。そしてマルコを拳で殴りながら、認めろよおまえが殺したって！　認めろよ！　と叫んだ。泣き叫び、やみくもに殴りつけていた。マルコは黙っていた。自分を守ろうとはしなかった。それが妙に気になったのを覚えている。やってないなら、どうして弁明しないのだろうと。でもその時はまだ、マルコがセルビア人、つまり対立している民族だから言い返せないなんてわからなかったんだ。

　アンテは俺たちの友人だったし、マルコもそうだった。アンテは完全におかしくなっているようだった。自分の親が血まみれになって床の上で死んでいるのを見たら、狂わないわけにはいかないだろう。アンテは身をよじって泣き叫んでいた。認めろ、認めろよ、殺してやる！　俺じゃない、どうして俺がそんなことをすると思うんだよ、とマルコはもがいた。

　どれくらい時間が過ぎたかわからない。ふと、マルコが床に倒れた。一人、また一人とアンテに加勢したことで、事態が深刻だとマルコは悟ったようだった。まずトーモがマルコの脇腹を蹴り始め、ペロが加わった。それから全員で、常軌を逸したかのように襲いかかったのさ。

どうしてこんなことになったのか未だにわからない。怒りや無力感、恐怖心の一切合切が、打撃や攻撃を通して出ていたのかもしれない。この愚かな戦争はおしなべてそうだ。覚えているのは、自分も泣き、他の人も泣いていたってこと。血塗れの頭となったマルコも嗚咽していた。俺じゃない、俺じゃない、俺じゃないんだ……でも、もう誰もマルコの話を聞きはしなかった。俺たちは、マルコの顔が血塗れになるまで殴り、蹴りつけた。

埃や火、汗の匂いがした。それから血の匂いも。マルコの血の、あの甘い香りは忘れられない。するとアンテが、まったく普通じゃあり得ないことをしたのさ。今だって時々その映像が脳裏に蘇って、目の前に仲間たちがいるような気持ちになる。アンテはマルコに跨り、下顎を両手で掴んで突然引っ張った。一気に顎を引きちぎったのさ。そのときのアンテは凄まじい力を出したに違いないさ。マルコは吠えて唸るような、不思議な声を出していた。そんな感じの、傷ついた犬の鳴き声を聞いたことがある。それと、骨がつぶれるような音も聞こえた。その音は一生忘れないと思うよ、他の音とはまったく違ったから。アンテが、マルコの体のちぎれた一部を手にしてるのが見えた。マルコはというと、開いた傷口から流れ出る自らの血で喉を詰まらせながら喘いでいた。

俺たちは、マルコを廃墟の中に置き去りにした。それ以来、マルコについて話題にすることはなかった。間もなくしてアンテが殺された。あの事件があった後もアンテは落ち着くことなく戦場に赴いた。マルコの死から一月も生き延びたなんて、奇跡としか言いようがない。あいつはもう頭がおかしくなっていたのさ。

仲間うちの三人が生き残った。偶然を除き、会いはしていない。どうしてって？　戦前のあの日々は消え去ったけれど、俺らには戦争しか残っていないからさ。

気になるのはマルコだ。最後まで認めようとはしなかった。もしかしたら、本当にアンテの両親を殺していないんじゃないだろうか。マルコを疑ったのは不義理だったのかもしれない。友人だったのに。なぜ信じてやれなかったんだろう。民族が違うというだけで。

俺たちはまるで狂犬病にでも感染したようだった。今の戦争は狂犬病のようだ。だから俺はひたすら酒を飲み沈黙しているのさ。今さらこんなことを言い出すなんて、一体自分はどうしちまったんだろう。自分の中から出さないと窒息してしまいそうだ。でも、窒息してしまうのが一番いいのかもしれない。俺のことなんてかまう奴は一人もいないだろう。俺だって自分のことなんかどうだっていい。

三

ファルディン・M、五五歳

養子縁組の申請について、ソーシャルワーカーへの話

一九九二年一二月一八日、あの日のことはまるで昨日のことのように覚えております。私たちの街はセルビア陣営に囲まれ、昼夜攻撃されて行き場のない状態でした。鍋の中のネズミのようで。食料も、ガソリンも、薬だってありやしませんでした。その日の夜、私は業務に就いていました。技術者で、様々な病院設備のメンテナンスをしています。注文があれば細かな故障は修理します。今は炭がないので火を起こすこともなくなりましたがね。出勤して最初に薪を組むのですが、焚き物なんかでコンクリートの建物を一体どうやって暖めるのでしょうか。後に木材もなくなり、街路樹、公園、学校の周辺などの木はすべて伐採しました。病棟は寒くて、患者は毛布や布、ぼろ切れを掛けてもらっていたくらいでさ。私も家から古い毛布を持って来てやりました。うちの清掃作業員のムニバがそうこうしているうちに出勤して来ます。地下にいる私のところへたまにやって来ては、タバコを一、二本持くれたりもします。タバコは上の階でもらえます。病院を訪れる人が感謝の印にと、医者や看護師に持って来るのです。皆であるものを分かち合う、素晴らしいじゃないですか。タバコを吸いながらムニバに今日の出来事を尋ねると、どの医師が勤務しているか、どの看護師がいるか、知っている人が来ているか、色々と教えてくれます。その当時は私の隣人が足の切断の手術を受けました。爆弾の破片が当たってしまったのですがね、私は隣人の奥さんに伝えなければいけませんでした……。そんな感じで、ムニバもタバコを吸い、黙っています。心配そうに見えます。そこでムニバの夫の調子を聞いてみるのです。心臓が弱いのは知っているのですがね。それに、娘さんは何か女性特有の病気でね、詳しくは知りませんが。ムニバは、元気よ、みんな大丈夫、でも良くはないわね！　と答えます。ファロの具合が悪いのだと教えてくれる。でも気にしないで、皆が頭を抱えて生きるときなのよ、と。それでですね、ムニバが母親が生まれたばかりの赤ん坊を置き去りにする恐ろしい時代がやってきた、なんて言うんです。逃げてしまうのさ、赤ん坊を置いて。若くて、やっと一六歳になったばかりのほんの子どもだよ。赤ん坊がいない方が生きやすいくらいさ。父親だってそうするかもしれないさ、誰がその子を責められるもんかね。それにしても、猫だって子猫を産んだら捨てずに世話をするよ。今日ね、あたしが部屋へ行くとベッドは空っぽ。出産したばかりだっていうのに。あの子はどこに行ってしまったのさ？　死んでしまったわけじゃないでしょうね。そう看護師のネーナ姉さんが教えてくれたんだよ。死んだなんて、あのセルビアの売春婦は逃げたのさ！ってね。あんた、あの新しい運転手を知っているかい？　金のためにセルビア側へ人を運んでいるらしいわ。そうに決まってる、セルビア人司令官と知り合いのはずだよ。学校の同級生ってところかしらね。誰かがお金を掴ませてここから連れ出したに違いないさ、と。

私は、残された赤ん坊はどうなったんだい、と尋ねました。生後二日目の男の子で、生きているし、泣いてお腹を空かせていましてね。それで、ちょっと前に出産した女性に母乳を与えてもらったんです、その孤児に。その女性はまだ入院中なので大丈夫なのですが、明日には退院してしまいます。今病院のスタッフ皆驚いているところでして、誰が赤ん坊の世話をすればいいのかわからない。いずれ凍死するか、餓死してしまうでしょう。仲間の誰一人として引き取りたがりはしません。赤ん坊は単に親がいない私生児というだけではありません。セルビア人の親なし子、私生児でもあるのです。

実を言えば、ここにきて私はちょっと尻込みしています。よくわからないのですが、不安なのです。だってですよ、生まれたばかりの子どもをそんなふうに捨てる女性なんていないじゃないですか。それで私はムニバに、赤ん坊を見せてくれって言ったんです。まったくあんたは可哀想な赤子の何を見るっていうんだい、乳母みたいな顔をして、とムニバは驚いています。夜だし誰にもバレないだろう、一肌脱いでくれよ、と私は押します。ムニバに連れられて部屋に来てみると、割れた窓にはビニールが貼りつけてありとても寒い。その小さな赤ん坊は寝ているんですよ、すっぽりと包まれて。パンより大きいなんてこともない小さな赤ん坊を見たって何もないだろうに。私はそこに立って眺めていると、ふと思ったのです。それなら、妻と私でこの子を引き取って育てたらいいじゃないかって。娘二人はもう大きくなっているし。でも、この孤児はお先真っ暗。どういうわけか、ネーナ看護師の言葉にも影響を受けたんです。

翌朝、家あった枝やら木材の切りくずで焚き火をする。それからアミラを起こすと、ディブカのコーヒーを煮出す。まだ物資が残っていたのです。あっという間に尽きてしまうでしょうが。本物のコーヒーではないのですが、それでも香りはあるのでごまかされてしまうわけです。それで朝はコーヒーを飲むという習慣を守っています。アミラよ、聞いておくれ。うちの病院に小さな男の子がいるのだけど、母親が赤ん坊を捨てて逃げてしまったんだ。誰かが引き取らないと死んでしまうんだがね、皆怖がっている、セルビア人女性から生まれたから。

アミラは背を向けたままです。黙って、洗い物か何かをしながら考えているようです。何も言いません。長い沈黙の後、喋り出します。戦争だし、苦しいときだし、家にはもう何もないわ、でも赤ん坊に必要なものは――。アミラにとって赤ん坊がセルビア人だという事実なんて問題ではありません。妻のことはわかっております。私の妻アミラには、真綿のように柔らかな、素晴らしい魂が宿っているのです。こちらを振り返ると、涙を流しているではないですか。ねえ、どうやって育てるの？　と私に聞くのです。アミラの言う通りだと思うのですが、私は黙っています。一部屋しかない粗末な家に四人が住んでいて、ベッドは二台だけ。緊急時の住まいですし、自宅は破壊されてしまっているのです。まあ、自分たちと同じもので何とかするさ、と言い、彼女にもそう伝えます。白状すると、少し怖くもありました。世間ではどう言われるんだろうって思うとね。ですから、世間から何と言われるか、怖くないのかい、と妻にも尋ねてみました。誰に何を言われようと、子どもは子ども、セルビア人女性が産んだのが悪いわけないじゃないわ。死なせてしまうのは罪よ、ただそれだけ。自分たちのことだけを考えていてはダメなのよ。

アミラの言葉が心の琴線に触れる！　私はただ妻を抱きしめます。

チビを引き取ったのは翌日。病院の皆は赤ん坊がいなくなって喜んでいますが、見るからに不思議そうに首を傾げているのがわかります。でも今、我が家は喜びに溢れているのです！　娘たちも泣いているかと思えば、次の瞬間には笑ったりしているほど。抱っこし、どこからか哺乳瓶をもらってきてミルクを作っています。うちの子は手を振って笑います。何とちっぽけな手、満面の笑みなのでしょう。目を疑いたくなる光景です。指を差し出せば、ぎゅっと握り返してくれます。やっぱり男の子です。うれしいよ。私のために生き続けておくれ息子よ、と囁いております。

そういうわけで、あと数か月で息子は七歳を迎えます。雑草のように育つ、明るい男の子です。就学するために私たちはここへやって来ました。学校にはまず書類を整えるよう言われております。子どもには届け出た苗字や親の名前が必要でしょう。

一方で、人間がどんなものなのかもおわかりでしょう。私もいろんなことを言われてきました。セルビア人の子どもを育てる裏切り者のボシュニャク人、他にも狂っているだとか、もう言われたい放題でした。唾を吐かれたことだってありますよ。私を見て避ける人もいました。

でも気にしません、愚かなのは向こうであって、私ではありません。誰が産んだなんて関係あるのでしょうか。妻が言うように、息子はちっぽけな子どもで、人間なんです。世話をする必要があります。でも言わせてもらえば、素敵な世界も存在しています。うちの子へのプレゼントを持って私たちのところへ来てくれて、お子さんたちと息子を一緒に遊ばせてくれる人だっています。昔はみんなこんな風だったのです。

もう戦争も終わり、あの子も生き残りました。でも、学校の子どもたちが息子に辛い思いをさせはしないかと心配でなりません。けれども私たちに何が出来るのでしょうか。人生はこんなものなのです。息子が私たちのために生き、元気でいてくれさえすればいいのです。

うちの子——亡き祖父からメホという名を貰いました——は私たちの自慢です。できることなら、養子にしたいくらいです。他の家族のところへ行くのは息子のためにはなりません。私たちはあの子の家族なのですから。そうでしょう?

（一九九七年）

注記：実際の出来事との類似部分は作者によって意図されたものである。

ベルリンの冷たい風
ナショナリズムはバルカン半島だけの産物ではない

カーデーヴェー百貨店を出ると、冷たい北風が吹いている。冬のセールが終わり、プラダやエスカーダのライトグリーンやピンクの衣装が早くも陳列されている。あちらでは春なのだ。

しかしヴィッテンベルク広場はまだ冬で、並べられている服もハイブランドとはまったく違う。小集団の女性が、凍える手でホワイトボードを持ち立っている。みすぼらしいコートやマフラーに身を包み、手に掲げたボードが風にたなびくなか、凍てつくアスファルトから身を守らんと足を交互に動かしている。ボードには男性の名前が黒と赤の文字で書かれている。よく見れば、同じ仲間が二〇人ほどいるのに気づく。皆、ボスニアの女性たちで、戦争中に行方不明になった男性の名前を掲げているのだ。男性たちの遺体は未だ発見されておらず、まとめて遺棄された場所のどこかに埋まっているのだろう。もっとも彼らが生きていて、セルビアの労働収容所や鉱山にいる可能性はまず残っていない。女性たちは、身内の男性たちの身に降りかかった出来事をただ知りたいと願い、毎週金曜日の午後二時から三時までそこに立っているのだ。この活動を始めてから五月で一年が経つ。また、ここベルリンにある難民のための集会所

「南東センター」が主催する、セルビア政府に行方不明者の情報公開を求める署名活動も行っている。

赤ちゃん連れの若い夫婦が署名する。用紙を見せてもらうと、今日の署名はたった五名分。不調の日。風のせいかもしれない。通行人は女性たちの視線を避けながら、目もくれずに地下鉄へ向かって急ぐ。女性たちは寒さのあまりその場で足踏みをしたり、凍りついたように立ち尽くしている。彼女たちは語りたがっているのだ。なかにはドイツ語を少しだけ学んだ人もいれば、わずかな単語しか知らない人もいる。無視されることも多いのだと私に教えてくれる。ただでさえこの街ではデモが多いのに、わざわざこの活動をする意味があるのかと言わんばかり。時々、魔法瓶に入った温かいお茶を持ってきてくれる人がいる。でも、今日だって駄目。

灰色のコートを纏った年配の通行人が一瞬立ち止まり、ボードを持つ女性を怒鳴りつけているのが見える。ボスニアからやって来たその女性は、ボードの重みに耐えられなくなったかのごとく腕を下ろす。老女が何を言ったのか、何を言っているのかわかったのかと私は尋ねてみる。憔悴した中年のメルシハは俯いている。ええ、ええ、ちゃんとわかりましたとも、と答える。あの人は「シャイセ」としか言わなかったから、難しくはなかったわ。くそったれ！という意味よ。よくあることです。こうして立っていると、攻撃的な人もいます。今のように年配の女性からが多いですね。ドイツ人は私たちに帰ってほしいと思っています。今ではボスニアは平和になったのだから、あちらへ行けというのです。

その女性のボードに書かれているのは、行方不明になっている二一歳と二〇歳の息子の名前のみ。「シャイセ」と叫んだ女性にとっては、誰の名前かあえて聞いてみないとわかりはしない。だが尋ねなかったのは明らかだ。老女には無関係な話で、彼女の息子たちでもなければ、彼女の戦争でもない。しかし、それならなぜ立ち止まり罵ったのだろう。おそらく老女は、難民であれ何であれ、この人たちに惜しみなく与えられているお金は自分のものだと信じているからであろう。女性たちは毎月三七〇マルクを受け取っている。もしボスニア人女性［原文ママ］の誰かが、この年配の女性に「シャイセ」と叫んだ理由を尋ねたら、そのような答えが返ってくるであろう。ドイツ人は三五万人の難民を受け入れ、食事を与え、避難所を提供した。アメリカは言うに及ばず、フランスやイギリスは何人受け入れたのか。なぜドイツ人はいつでも何に対しても負担しなければならないのだろう。トルコ人の面倒を見ていて、今では東ドイツ人がいる――それで十分ではないのだろうか。連合国によるベルリンへの爆撃で家が破壊され、レンガを掃除して一から人生をやり直さなければならなかった老女を一体誰が助けたのだというのだろう。

自分だって家に帰りたいけれど、その家自体もう存在しないのだと老女にどう説明すればいいのかとメルシハは言う。そう、女性たちのほとんどはボスニアに帰りたがっているのだ。誰が異国の地で他人の恩恵を受けて生き長らえ、寒さに耐えながら愛する人の名前を書いた紙を握りしめ、通行人による侮辱や無関心に苦しみたいというのだろう。

私たちの会話に耳を傾けるアミラ。財布から取り出したのは自宅の写真。まるで身分証明書であるかのようにいつも持ち歩いている。今は難民だが、本当の自分を見てほしい、と言わんばかりだ。バニャ・ルカ近郊にあるアミラの家は、黄色いファサードの新築三階建て。夫が長年オーストリアで働いていたため、立派な家が建てられたのだという。一九九二年五月、その夫はアミラと二人の子どもをボスニアから連れ出すためにやって来たのだが、家の前でセルビア兵に捕まってしまった。それ以来、夫には会っていない。家には二組のセルビア人家族が引っ越してきた。アミラの兄が一家に話を聞いてみれば、彼らもまた難民であると告げたのだそうだ。アミラの家に引っ越してきたセルビア人も誰かに追われて家を出た。そうやって、堂々巡になる……。皆、行き場がないのだ。

つまり、ヴィッテンベルク広場の女性たちは、帰らねばならないからといってボスニアに戻ったところで、何処かの難民キャンプに入らねばならないのだ。彼女たちにとって故郷とは過去と化し、現実には存在し得ないものとなったのである。小国ボスニアには何もできないし、そもそも何か手を打とうとも考えていない。女性たちには新しい家を建てる資金もない。正義なんて冗談にしか聞こえない。忘れている人もいるかもしれないが、民族浄化はあの血なまぐさい戦争の真の目的だった。とどのつまり、この人々は二度と故郷に帰れないように追い立てられたのである。

それにしても、なぜドイツの老女と彼女の国がこんなことを引き受けなければならないのか。連帯や人道では、誰もが満足できる理由にならないのは明らかだ。しかし、引き受ける方がドイツの人々のためだとしたら？　受け入れない方がより大きな犠牲を払うことになるのではないだろうか。国際平和維持軍、人道支援、投資、融資……その他諸々。ヨーロッパが平和であるためには高い代償を払わねばならない。

加えて言えば、今は連帯感を持つには最適な時期ではない。寒さのせいではなく、この国の外国人を取り巻く雰囲気が、新政権による二重国籍法［一九九九年当時］で緊張を孕み幾分複雑になっているためである。今年最初の地方選挙のこと。ヘッセン州でCDU（キリスト教民主同盟）が法律に反対するロビー活動を行い、五〇万人以上の署名を集め勝利したことはとても警戒すべき目印である。あの老女の反応は、見知らぬ人への恐怖を表面化させるこの法律が原因だったのかもしれない。ドイツには外国出身者が七五〇万人近く住んでいて、二〇〇万人以上がトルコ人、二位がセルビア人、ボシュニャク人、クロアチア人、三位がイタリア人……と続く。彼らの多くの出自がドイツ人でなくとも、ドイツ国籍を取得する権利、つまりドイツ人になる可能性があるのだ。この老女には外国人――特にトルコ人はイスラム文化に属しているため――が彼女のお金のみならず、さらに重要な民族のアイデンティティをも盗んでいるように見えるのかもしれない。この種の恐怖は、ドイツ人からビジネスや資金が奪われるという議論を装い、ショーヴィニズムのイデオロギーを助長しかねず非常に危険である。ヘッセン州での選挙が示すように、政治的な操作の格好の材料ともなる。こうしてトルコ人、移民、難民、あるいはその時々の政治的レトリックにより他者に分類される人々すべてに対する憎悪が、いとも簡単に煽り立てられるのだ。

おまけにこのドイツ人の反応が、本当に民族純化のイデオロギー（真のドイツ人、真のドイツ国民は同族でのみ存在し得る）と関係しているのだとしたら、バルカン半島における同種のイデオロギーよりも価値があり、受け入れられる所以はどこにあるのだろうか？

ドイツ統一後、ヨーロッパでは多くの人々が警戒をもって新生国家を注視していた。お人好しの巨人を恐れてはいけないと説得する者もいたが、ドイツは自国の過去から教訓を得ていた。そして今再び、不安な空気が漂うのを感じられるようになった。法的な規定は撤回され、変更されるだろう。二重国籍は認められないというのも、まあその通りだ。何しろ『シュピーゲル』の世論調査によれば、ドイツ人の五三%が二重国籍に反対しているのだから。ドイツ国籍取得の申請は、資格がある人であれば可能となる——ちなみに滞在外国人の三〇%は、取得の権利を持たず二〇年以上もこの国に住んでいる。この法律は国民に適切な心理的な準備もさせないまま、あまりに性急に可決されてしまったために何かが奪われてしまうように感じたのだと言う声も上がっている。もし双方にかつての恐怖が呼び覚まされ、ドイツ人が自国を汚染する合法化を危惧するのであれば、他の国々は一体何を恐れているのだろうか。

ヨーロッパが統一されようとしている今、このような事態が起こっているのはある意味逆説的である。ＥＵは当面のところ経済的な利害に基づく共同体に過ぎないが、その志ははるかに大きい。一〇年も経たないうちに、ＥＵ市民権がたった一つになるのも想像に難くない。あるいはやはり違っていて、欧州統合の強化が完全には確実でないという意味では、ドイツでの出来事は他国でも起こりうるという兆候となるのだろうか。おそらく私たちは、ますます多くの人が新旧の恐怖や、新旧のナショナリズムに屈する姿を目にしているのだ。ナショナリズムはバルカン半島だけの産物ではないし、そうであるはずもない。良くも悪くもナショナリズムは誰の専売特許でもなく、どの社会も無縁ではいられないというのが実情なのだ。一体誰がヴィッテンベルク広場の老女を説得できるというのだろう。

（一九九九年）

悪党と化した知識人

セルビア人の戦争犯罪者、悪名高きラドヴァン・カラジッチはハーグの国際刑事裁判所から指名手配されている。カラジッチはまた、精神科医で詩人でもある。彼ほど有名ではないものの、近くの高台からサラエヴォの街めがけて機関銃を撃ち放ち、世界中のメディアで報道された札付きの人物エドワルド・リモノフもまた詩人だ。

カラジッチはそれほど特別な存在ではない。四〇〇年の歴史を持つモスタルの橋を破壊するよう命じた、クロアチアの映画監督スロボダン・プラリャクもその一例に過ぎない。知識人──とりわけ作家──はより高い道徳心を持つ存在であると一般的には信じられていたため、一体全体どうしたらかくの如き悪行ができるのかと皆が首を傾げた。何しろ彼らは一般人よりも教養があり、何が正しいかをよく見極めているはずなのではないか。だが現実はその逆で、旧ユーゴスラヴィアにおいて戦争を促したのは、実際には詩人、作家、ジャーナリスト、知識人だった。私自身としては、彼らの言葉そのものを云為したくはないとしても──言葉は弾丸ではないのだから──、この面々こそ戦争へと巧みに誘導していったのである。

戦争を始めるためには、国民に心の準備をさせなければならない。詩人、ジャーナリスト、歴史家、作家は、傭兵あるいは真の狂信者として非常に使い勝手が良い。私はユーゴスラヴィアで戦争の準備がいかになされたかを目の当たりにした。戦争は銃撃や爆弾投下や家屋の焼失で始まるのではないとしかとこの目で見たのである。戦争は、まずは敵を作るか、あるいは脅威として描かれるべきかつての敵を見つけ出すかしてゆっくり段階的に始まる。この敵を作り出すプロセスは、ドイツ人のヴィクトール・クレンペラーの日記に詳しく、かつ完膚なく描かれている。カラジッチやプラリャクが殺戮と破壊を命じ始める前にも、権力に群がる加担者らはセルビア人、クロアチア人、ボシュニャク人、アルバニア人といった「他者」を憎しみの対象と定め、民族感情を煽っていった。知識人は敵を作り出し、その敵に対して国民を均質化し、自分たちの正義のために戦うよう同胞を説得する任に着いたのである。

一九九一年から一九九六年のクロアチアやボスニアはもちろん、現在のコソヴォにおいても「メディア戦争」あるいは言葉の戦争から嚆矢は放たれた。およそ五年もの間、セルビアとクロアチアのジャーナリストは、歴史家や作家と競って他の民族を敵として描写していった。二五〇〇〇%ものインフレに見舞われ、他にも多くの問題が分断された当時のユーゴスラヴィアを震撼させた状況では、ナショナリズムは政治的にとても実効力を有していた。ユーゴスラヴィア時代にはあえて語られなかった、第二次世界大戦下でクロアチア人に虐殺されたセルビア人の惨劇が新聞に掲載されるようになった。犠牲者の数をめぐって論争も起き、集団墓地まで掘り返された。セルビアの詩人たちはコソヴォをセルビアの聖地とし、地上では負け戦であってもセルビア人はあの世で報いを受けるであろう「天のセルビア」(1)という古い神話を復活させた。同じくクロアチアの詩人たちも、自らの国家を創出する「千年の夢」(2)の神話を広め始めたのだった。

　こうしたメディア戦争を可能としたのは、ユーゴスラヴィアが他の多くの社会主義国と同じくイデオロギーの産物であって、歴史そのものを欠いていたからである。歴史は社会主義では洗濯機同然の扱いを受けていた。汚れた洗濯物を入れ、イデオロギーの粉を少し加えて適したコースを選択する。しばらくしてピカピカに輝く過去を取り出すのだ。神話を作り、嫌悪感を煽るこのプロセスに加わる者が、カラジッチのような田舎くさい二流詩人だけでなく、セルビアの作家ドブリツァ・チョシッチのような国民的詩人だったのはとんだ茶番である。カラジッチは、ヴァーツラフ・ハヴェルと対をなす、ある種の悲哀に満ちた存在としてボスニア紛争の一時期にはセルビア人の「スルプスカ共和国」の大統領にまで上り詰めた。他にもマティヤ・ベチコヴィッチ、ブラナ・ツルンチェヴィッチ、ゴイコ・ジョーゴらが、さらに最も有名なセルビア人作家であろうミロラド・パヴィチも民族主義者として名乗りを上げたのだった。作家たちはミロシェヴィッチ政権の支配下に置かれたメディアで、歴史家やジャーナリストの協力を得て、多民族社会には大抵存在する往年の日々の民族間の憎悪を利用し煽り立てた。なぜ現前しない過去からの憎悪なのか。それは、第二次世界大戦が終結してから四〇年が経ち、新しい世代は憎悪感情も民族対立もなく成長したからである。西側の大多数の意見とは裏腹に、旧ユーゴスラヴィアのナショナリズムは、抑圧されていたというよりも忘れ去られていた。ポーランドの歴史家アダム・ミフニクから拝借したお気に入りの例えに倣うと、ナショナリズムはまさにウイルスのように、条件が揃ったときにのみ目覚めるのである。ユーゴスラヴィアにおいても然りであったと言えようか。

一九九一年、本格的な虐殺は始まった。ほどなくして独立した各共和国のあらゆる知識人が民族主義の狂乱に奔走していった。加担しない場合は裏切り者とみなされ、公然と糾弾された。旧ユーゴスラヴィアにおいて、民族主義のイデオロギーを自ら受け入れ広めるといった知識人の態度豹変は驚くべきものでもなかった。否、むしろ社会主義時代における知識人の役割を、よりドラマチックな文脈で継承しただけとも言えるであろう。社会主義諸国ではいわゆる「国家」、あるいは党派の知識人のポジションには長い伝統を持っていた。知識人は大学、科学アカデミー、出版社、メディアといった国家機関の外では存在し得ず、独立した個人として生き残るのはほぼ不可能であった。知識人は生計を立てるため、沈黙から国家への完全な知的奉仕に至るまで、服従という代償を払わなければならなかった。旧ユーゴスラヴィアでは、『プラクシス』誌の編集委員会、いわゆるプラクシス派マルクス主義哲学による体制批判が知識人に許される最大限の自由であった。

(1) Nebeska Srbija　天のセルビア。敬虔なセルビア人が死後に旅立つ天国を意味するが、時代の変遷とともに政治利用され、一九世紀にはセルビア民族主義の中心的な神話として拡大。度々再燃し国家神話と化した。現在コソヴォ問題でも重要なテーマとして持ち上がり、信仰とコソヴォのために命を捧げた人は、天のセルビアの住人となると言われる。

(2) Tisućljetni san o hrvatskoj državi　クロアチア国家千年の夢。一一〇二年にクロアチア王国がハンガリー王国と連合を結んだ合意からはじまるとされる、何世紀にもわたるクロアチア民族独立国家創出の神話。トゥジマンはナチス傀儡時代のクロアチア独立国を「クロアチア国家千年の夢の実現」と述べ、クロアチア独立の父として崇められた。

日和見主義からなのか、恐怖心からくるのかは取り立てて重要ではないが、大多数の知識人が共産主義政権の協力者であったのは事実である。正直に言おう、国民の大半も同じだった。自由に意見を述べようとする知識人は反体制派とみなされ、逮捕されないまでも公職を追放された。おまけにチェコスロヴァキアやポーランドと比較しても、ユーゴスラヴィアには反体制派がほとんどいなかった（最も有名な反体制派はミロヴァン・ジラス）。多くの知識人はユーゴスラヴィアが他の東側諸国よりも優れていると思い込み、「人間の顔をした社会主義」を信じて疑わなかったからである。このイデオロギーへの厚い信仰という要素が、移行期の九〇年代後半になって非常に重要な意味を持つようになっていった。

旧ユーゴスラヴィアから独立していった新国家での知識人の行動から判断すると、社会主義国家と民族主義国家の間には、別の党が支配しているという事実以外何の違いもない。むしろ、新国家が民主的であるべきだということに、知識人が気づいていたのかさえ疑問である。繰り返しになるが、「国家寄り」の知識人は、新しい国家プロジェクトに諾々と従っている。今回は最新のイデオロギーの宝物、民族のアイデンティティを構築し、維持する必要があった。今日の多民族・多文化が共存する壁のないヨーロッパにおいて、それがいかなる意味を持つにせよ。（クロアチアでは）知識人はフラニョ・トゥジマンを声高に支持するのみならず、あらゆる面で番人として振る舞った。その好例がクロアチア人作家協会であろう。社会主義崩壊後も協会は他国で起きたような混乱や変化にすぐ見舞われず、名称のみ変更されたというのは妙な話である。クロアチア作家協会からクロアチア人作家協会となり、民族主義的志向を明確に示す形となった。旧協会は社会主義のイデオロギーの番人として機能していたし、それが今日では民族主義のイデオロギーを代表する存在に転生した。どんな作家でも、政府を批判したり「民族精神」の番人としての役割に疑問を持ったりすれば、誹謗中傷にさらされる危険性を有している。

一例を挙げよう。昨年、著名な作家三名（ヴラド・ゴトヴァッ[3]、ドゥブラヴカ・ウグレシッチ[4]、イヴォ・バナッ[5]）が協会を脱退した際、会議に出席していた会員らは自らの決断を熱烈に賛称した。協会による背教者の排除を正当化し、拍手喝采を行ったのである！　忠誠者と「裏切り者」が最も対立した瞬間だった。脱退した三人をはじめ、会員に含まれなかった作家たちも反政府的、コスモポリタン、ユーゴ・ノスタルジー疾患者、共産主義者、外国の諜報員、裏切り者などと公然と誹謗中傷を浴びせられた。新しくできた政治的正義の名の下、クロアチア文化の粛清は、一九九一年から今も続いているのである。その指標となるのは「国家への忠誠心」。

（3）クロアチアの詩人、政治家。（一九三〇－）。社会主義時代に「クロアチアの春」へと繋がる政治・社会改革を求める運動に参加したが、弾圧を受ける。服役後、政治活動へと移りクロアチア社会自由党に加わる。トゥジマン批判の第一人者となり大統領選対抗馬となるが敗退。一九九六年から六年間、非営利・非政府の文化協会「マティツァ・フルヴァツカ」（Matica Hrvatska）の機関誌の編集長を務める。

（4）クロアチアの女性作家（一九四九－二〇二三）。ユーゴスラヴィアで最も権威のあるＮＩＮ賞を受賞するも、紛争の際ナショナリズム批判により弾圧を受け、一九九三年にアムステルダムへ亡命。亡命後、国際的な名声を獲得し、ノイシュタット国際文学賞など受賞。邦訳に『バルカン・ブルース』（岩崎稔訳、未來社、一九九七年）、『きつね』（奥彩子訳、白水社、二〇二三年）がある。

（5）クロアチアの歴史家（一九四七－二〇二〇）。幼少期にアメリカへ移住、スタンフォード大学で歴史学を修め、後にイエール大学名誉教授となる。一九九〇年代からはクロアチアの政治家としても活躍し、クロアチア社会自由党でトゥジマン批判を行う。

愛国心の最高の表現と考えられている。とは言え、実際には新国家と自らを同一視する権力者への忠誠を意味するに過ぎない。同協会は社会主義時代と同じく国家への任務を負い、反体制派の作家に対処するにも同じ方法を用いているのだ。クロアチアのような国で時代錯誤の対立が起こる唯一のメリットは、表面的には文学の意義がまだ残っているかのごとく見える点だ。もちろん、文学が政治的指導者に仕える限りにおいては。

しかしながら、知識人たちが新たなポリティカル・コレクトネスと忠誠心をアピールせんと躍起になっているのは、ただ恐怖心からくるのだと考えるのはまったくの間違いである。確かに、恐怖を撒き散らしたのは権威主義的な政権だった。加えて、ナショナリズムは批判の余地をほとんど残さないのは言うまでもない。だが問題はそれとは別のところにある。過去一〇年間、クロアチアの大部分の知識人たちは、民族主義政治を腹の底から信じる真の民族主義者であった。そして政権の正統化に嬉々として協力し、その奉仕に対して大臣や大使、国会議員や顧問のポストを優遇され満足していた。ここで傑出した二つの例を挙げてみよう。クロアチアの偉大な作家ランコ・マリンコヴィッチは、トゥジマンのHDZの候補者名簿の核となり、歴史小説の人気作家イヴァン・アラリッァは（トゥジマンのお気に入りの作家として指名された後）、国内政策の顧問としてクロアチアからセルビア人を移住させる「人間の再定住」（これは「民族浄化」の綺麗な言い換えにすぎない）の主要論者に抜擢された。

社会主義の崩壊とともに消滅したはずの反体制派が、未だ存続しているのも驚くにはあたらない。クロアチア出身の作家ではプレドラグ・マトヴェイェーヴィチ、スロボダン・シュナイデル、ドゥブラヴカ・ウグレシッチ、そして私が——セルビア出身の作家ではボグダン・ボグダノヴィッチ、ミルコ・コヴァチ、ボラ・チョシッチ――、少なくとも一時的に国を去らねばならなかった。これを新たなパラドックスだという人もいる。民主主義は反体制派を生み出すわけではない。人の意見は異なるものなのだから。しかし、最も重要なマスメディア（主にテレビ）が政権党によって公式にも非公式にもコントロールされているため、ほとんどの公共空間では異なる意見を持つ人々は好遇されはしない。要するに、旧ユーゴスラヴィアから独立した国家では、共産主義から民主主義への移行はまだ起こっていない（セルビア）か、あるいは立ち上がったばかり（クロアチア、ボスニア、北マケドニア）のである。そしてこのことが、おそらく旧ユーゴスラヴィアの各国家における知識人の負の役割を教えてくれているのであろう。

しかし、政変時における知識人の肯定的な役割についてはどうだろうか。アダム・ミフニク、ヤツェク・クーロン、ブロニスワフ・ゲレメク（ポーランド）、ヴァーツラフ・ハヴェル、イジー・ディーンストビール（チェコ）、ハラスティ・ミクローシュ、キシュ・ヤーノシュ、コンラッド・ジェルジュ（ハンガリー）など、かつて社会主義国だった国々で社会主義を転覆させた反体制派の重要性に目を向ける必要がある。では革命の後、何が起こったのか？　知識人は今どこにいるのだろう？　彼らは社会における意義や主導的な立場を失ってしまったかのように思われる。もしそうだとしたら、むしろ正常とあると言えそうだ。社会が正常であればあるほど、公共の場におけるモラリストや、国民の救世主、知識人といった英雄の必要性は薄れる。一方で、旧共産圏の社会は未だ完全な正常化とはほど遠く、民主化への移行も終わっていない。かつての共産主義国家では、権威主義勢力とリベラル勢力の間で熾烈な争いが繰り広げられており、その帰趨はまだ定かではない。おそらく批判的な知識人は、民主主義であれば収まるところに収まるという信念のもと、政治の舞台から早々に見限られてしまったのだろう。

知識人はまだ必要とされているのだろうか？　知識人の政治的な未熟さを批判する声もある一方で、十分な時間とサポートがあれば、新しいタイプの政治を発展させられるかもしれないという人もいる。ハヴェルから受けた入閣の誘いを「誰かは独立性を保たなければならない」と断ったある知識人がいた。ハヴェルは、もしすべての知識人が彼の例に倣えば、国のその独立を可能とし守る権力者がいなくなり、誰一人独立を保てなくなる恐れがあると指摘している。一九世紀に伝道師、政治家、教師、そして国家指導者という役割を一手に担っていた知識人は、今もまだ世界のその界隈では必要な存在なのだろう。

ハヴェルの言葉は、かつての社会主義国家における民主主義の力ではなく、知的関与の必要性を物語っている。そして、東欧の知識人たちがこうした重要なジレンマに思いを馳せる一方で、その社会的地位は西側の民主主義先進国の仲間の立場とは比較にならない。あちらでは、知識人は重要な役職を担うよう求められもしないし、少なくともここ二〇年間は知識人の意義を社会的に議論されたこともない。この背景には、自分たちの社会的役割が変わったのだという欧米の知識人の感覚も含め、多くの理由が存在している。知識人はもはや重要な問題や世界の出来事を明確には語らないし、語ったとしても何の影響を及ぼしもしない。私は今、社会主義の崩壊とその結果、ボスニア・ヘルツェゴヴィナでの戦争、ヨーロッパの統一など、ここ一〇年間の出来事のみを念頭においている。

対照的に、東欧の知識人は良くも悪くも重要な存在であり続けてきた。これは前政権時代や一九八九年の政変、ユーゴスラヴィア紛争でも明らかであった。おそらくしばらくの間は知識人は必要とされ、社会で特権的な地位を占めるであろう。一方で、東欧の知識人はメシアニズムや自らの存在意義へのうぬぼれから脱却せねばならない。私たちも、知識人が真理を独占所有しているわけでも、道徳的に優れた存在であるわけでもないのだと、いやがうえにも理解する必要がある。現に、知識人は容易にラドヴァン・カラジッチの二の舞になりかねないのだ。

（一九九九年）

沈黙を望まぬ女たち

一年ほど前、ボスニア・ヘルツェゴヴィナから一冊の本が届いた。タイトルは『どうか、私を殺してください』[1]。一九九二年に主にセルビア人兵士やセルビア人準軍事組織のメンバーによってレイプされたボシュニャク人女性たちによる、四〇あまりの証言を集めた文集である。過去一〇年の間に同じような証言集が何冊か出版されたが、本書はレイプ被害者の女性たち自身がボスニア・ヘルツェゴヴィナ収容所収容者協会の研究・資料センター内で組織化し、証言を収集・出版した点で異彩を放っていた。彼女たちはジャーナリストや専門家、あるいはプロの編集者の助けを借りることなく、自分たちの身に起こった出来事を発言する決心をしたのである。

誰が見たって素人臭い文章も掲載されているものの、本書は私たちが耳にし、知り尽くしていると思っていた苦悩を伝える、痛ましくも心打たれる記録集である。レイプ、拷問、奴隷化、強制妊娠、人身取引される女性など、言うに堪えないほどの内容が匿名で語られている。私にとっては極めて重要で特別な一冊だ。同じく集団レイプを扱った私の小説、『私が存在しないかのように』が縁となり、協会の女性たちの献辞添えで献本いただいたのである。自分たちの真実が伝えられるべきだという信念のもと、自らの体験を公表すると決断した女性たちに敬服する。

両世界大戦中のドイツ、中国、朝鮮半島において、ボシュニャク人女性よりも前にレイプされた人々は、公の場で自身の経験について語ることはほとんどなかった。それは語られることのないもの、忘れられたものだった。そう、「忘れ去られていた」。それでもレイプされたボスニアの女性たちは、一九九三年に国連安全保障理事会によって設立されたハーグの旧ユーゴスラヴィア国際刑事裁判所（ＩＣＴＹ）を通じて正義がもたらされる可能性を信じていた。自分たちだけでは正義は実現できないのは明らかだった。本書でもレイプされた女性たちは皆、ＩＣＴＹで証言人として志願すると明言しており、実際に多くの女性が法廷に立っている。最も重要だったのはＩＣＴＹが現地の裁判所ではなく、国際的な裁判所であるという事実だった——加害者は自国では裁判所にかけられないとよくわかっていたのだ。誰が加害者を逮捕するの？　誰があの人たちを訴えるの？　どのような刑に処されるというの？　加害者はただ「楽しんでいた」のよ！

レイプ被害を受けたボシュニャク人女性にとってみれば、ハーグでの証人喚問を引き受けるのはどんなに勇気が必要であったか。英雄に匹敵する行為。何しろ全世界に向けて、「そうです、私はレイプされました！」と言わなければならなかったのだから。女性たちはその後も証

（1）Irfan Ajanović, Irfan. *Molila sam ih da me ubiju: zločin nad ženom Bosne i Hercegovine*, Centar za istraživanje i dokumentaciju Saveza logoraša Bosne i Hercegovine, 1999.

言の事実とともに生きていかなければならない——子どもや夫、兄弟や父親、地域社会のなかで。それも数十年にもわたって女性解放を闘ったリベラルな都市ベルリンやストックホルムの話などではない。

もし勇気ある女性たちが名乗りを上げなかったとしたら？　二〇〇一年二月二二日、ハーグで懲役一二年から二八年の判決を受けたフォチャ出身の三人の男、ドラゴリュブ・クナラツ、ラドミル・コヴァチ、ゾラン・ヴコヴィッチの裁判はどうなっていただろうか。おそらく三人はフォチャで自由に暮らし、ボシュニャク人の女性捕虜を監禁していたパルチザン・スポーツホールの前や、奴隷にした女性を監禁していた家々の近くを何食わぬ顔で毎日通り過ぎていただけだったろう。カフェに座ってタバコをふかし、ラキヤを飲みながら戦争の自慢話を語り合っていたであろう。たまたま被害者が通りかかれば、指をさして嘲笑するかもしれない。もし女性たちが「恥」を隠していたら、この三人が歴史に名を残すことはなかったのだ。だが今や、戦時中の女性や少女に対する集団レイプ、性奴隷化、拷問など、人道に対する罪と定義される犯罪にのみ有罪判決を下された史上初の男たちとなった。これは単に、沈黙に同意しなかったボシュニャク人女性のおかげである。黙ってはいられなかったのだろう。あまりにも多くの女性が虐待を受けたのだから（国連の報告書によれば、約二万人と推定されている）。また現地には、ジャーナリストや専門家、人道支援団体に携わる人々など、女性たちの話に耳を傾け支援しようとする人も大勢いた。

告白した私的な理由はともかく、本書に登場する女性たち、そして虐待を受けた大勢のボシュニャク人女性たちこそがこの歴史的な裁判の真の英雄である——話す必要はなかったのに声を上げたのだから。それこそフォチャの三人の男があてにしていたのは、被害者たちの沈黙だったのだ。三人が判決を受けたとき、私も法廷にいられたらよかった。男たちの目には何が映っていただろう。不信？　絶望？　立ち上がり、法廷で自分たちと向き合う勇気のある女性がいるなんて想像もつかなかったはず。レイプで裁かれると聞き、冗談だと思ったに違いない。いいさ、奴隷女が従順でなければ、乱暴な行為もあったかもしれない。だから何だって言うんだ？　自分たちが相当な重刑に処されるとは耳を疑ったであろう。結局のところ誰一人殺していないのだ。殺人犯のなかにだって、もっと軽い刑の者もいた。「こんなことあり得るのか？」と思ったはずだ。自分たち犯したと考えていた罪（間違ってはいたかもしれないが、まさか戦争犯罪ではないだろう）と、国際法廷が下した人道に対する罪との間の相違を、私は三人の男の顔で確認したかったのである。

ボスニア・ヘルツェゴヴィナ収容所収容者協会の女性たちに支援を申し出ると、ファックスを所望された。協会には何もなく、事務所すらない。ファックスは大きな意味を持つに違いない。情報発信のためだけではなく、何らかの社会的支援を受けるため、自分たちの社会で戦争被害者だと認められるための闘いでもある。その要望は非常に象徴的だ。これからも黙ってはいないという意思表示なのだ。最近、ファックスの件で感謝の手紙を受け取った。だが私や他の何百万人もの女性は、ボスニアの仲間たちに感謝している。何しろ声を上げ、多大なる変化をもたらしてくれたのだから。

（二〇〇一年）

ミロシェヴィッチとセルビア人、そしてほうれん草のクリーム煮

ストーブの上でとろ火にかけられたほうれん草のクリーム煮。夕食はじきに完成。味見をし、塩をひとつまみ入れてかき混ぜ、リビングへ行き午後七時のＣＮＮのニュースをつけた。ハーグからの中継でクリスティアン・アマンプールのリポートをやっていた――スロボダン・ミロシェヴィッチの身柄引き渡しについて！　私は幽霊でも見たかのように画面を見つめていた。しばらくの間、ただただ立ち竦んでいた。クリーム煮の焦げた匂いがしてようやく、ある種のショック状態から抜け出せた。夕食が台無し。

　こうした異例とも言える歴史的事件は、いつだって私たちの不意を突く。天が開き、ラッパを持った天使が舞い降りてきて、ミロシェヴィッチの身柄引き渡しを告げる壮麗な虹がベオグラード上空にかかるのを待つかのよう。ミロシェヴィッチの身柄引き渡しは到底信じ難く、控えめに言っても奇跡としか言いようのない出来事！

　セルビアで裁判にかけられる、バナナの皮で滑って「自殺」する、心臓発作で死ぬ等々、他のありとあらゆる可能性の方が高かった。昨年の一〇月、人々は今にでも街頭に吊るされたミロシェヴィッチが発見されるのではないか、あるいはチャウシェスク夫妻[1]に倣い、妻とともに

同胞の手によって処刑されるのではないかと踏んでいた。いずれにしても血塗られた結末の可能性を示唆していたわけだ。どの場合でも心構えはできていたが、これほどまでにスムーズでシンプル、かつ華麗な作戦だけは期待していなかった――飛行機でハーグへ飛ぶなんて。セルビア人はまたしても成功したのだ。まずはミロシェヴィッチを権力の座から引きずり下ろし、今回一滴の血も流さずに排除したのである。セルビア人が勇敢なら、そうだと認めねばならない。彼らはお金と一緒に信用も得ることになる。国際法の勝利とはいえ、強い経済的圧力は無視できない要素だったのだから。ここで重要な役割を果たしたのがアメリカである。取引のようなものだった――ゾラン・ジンジッチ首相と政府は、金銭的な見返りのためにミロシェヴィッチを引き渡したのである。もっと美しく言えばこう。ジンジッチは国民の未来のためにミロシェヴィッチの未来を犠牲にしたのだ。

一時間ほどして我に返ると、心の荷が下りたような気がした。急に喜びがこみ上げてきた。その時になってようやく、身柄引渡しという象徴的な行為によって、バルカン半島での戦争が終わりを迎えたのだと理解できたのだった――主要な戦犯は今後法廷の前で責任を問われることになる。それからもうひとつ、私は励まされる思いとなった。ミロシェヴィッチの裁判手続きは、戦争の真実の解明に寄与するであろう。このことは国際社会のみならず、セルビア国民にとっても重要である。

---

(1)ルーマニア社会主義共和国大統領。妻のエレナとともに独裁者として長年権力を振るう。一九八九年のルーマニア革命により失脚。大量虐殺や不正蓄財の罪で起訴され、軍事法廷で死刑判決を受け直ちに銃殺刑に処された。

外国では、戦争はバルカン半島の人々——セルビア人であれ、クロアチア人であれ、ボシュニャク人であれ、アルバニア人であれ——の間に蔓延した「憎しみの世紀」の後に始まったのだと、私たちは皆ある種の希少種であり、変異し続けるナショナリズムという感染力の高い恐ろしい病気の犠牲者なのだと長い間信じられてきた。だが、旧ユーゴスラヴィアの戦争の真の原因は一人の人間とその一派の政治的野心にあった。ミロシェヴィッチはＮＡＴＯの爆撃で国が破壊されようとも、何がなんでも政権の座の維持に固執した。また、政治意思も、軍隊も警察も有していた。スロヴェニア、クロアチア、ボスニア、コソヴォで戦争を引き起こし——それで十分な生計を立てていた。バルカン半島の戦争は、些細な対立の拡大によって下から始まったのではない。そうではなく、国のトップ自らが計画した戦争だったのだ。このことはミロシェヴィッチの裁判を通じて誰の目にも明らかとなるだろう。

しかし、真実にはセルビア人が敬遠する側面もある。セルビア国民の支持なくしては、スロボダン・ミロシェヴィッチは一連の戦争を仕掛けられなかったであろう。彼には軍隊があったが、国民からの正当性も必要としていた。そして、手中に収めたのである。言い換えれば、セルビア人は投票を通じて共犯者となったのだと理解せねばならない。ミロシェヴィッチが引き渡されたからといって、罪の意識から解き放たれ、穏やかに眠れるというわけではない。何千もの人々が身柄引き渡しに抗議するのを見るのは遺憾の極みであった。ミロシェヴィッチは強大な権力を掌握する一方で、何百万人もの人々に支持されていたのだ。だが独裁者の典型的な宿命であろうか。権力の座から降りた途端、すぐに忘れ去られてしまう。

私にとって、ミロシェヴィッチがハーグの旧ユーゴスラヴィア国際刑事裁判所へ引き渡されたという歴史的瞬間は、クリーム煮の焦げた匂いとともに永遠に残るであろう。

（二〇〇一年）

ビリャナ・プラヴシッチ、懺悔者にして嘘つき

一

この一〇年、私はビリャナ・プラヴシッチを見るたび業を煮やしている。生物学の事例を引き合いに出し、ボスニア・ヘルツェゴヴィナのボシュニャク人は「セルビア人の身体に生じた遺伝子のエラー」である故、ボシュニャク人の殲滅は戦争犯罪ではなく「自然現象」なのだと自論を展開しつつ、過激な民族主義について弁舌をふるっているときなどは特に。

オマルスカやカラテルム、マニャチャの強制収容所で行われていた捕虜に対する飢餓や拷問、そして殺害を、スルプスカ共和国の秘密警察のトップであったプラヴシッチが知らないわけはないと考えれば不快極まりない。悪名高き戦犯、アルカンことジェリコ・ラジュナトヴィッチの準軍事部隊がビイェリナを襲撃し、五〇人を殺害したわずか数時間後、上機嫌のプラヴシッチが彼にキスをする姿に私は我慢ならなかった。まだ遺体が路上に横たわっているなか、ビリャナ・プラヴシッチはアルカンの首に腕を回して「遺伝子のエラー」の排除を褒め称えたのである。

ビリャナ・プラヴシッチが「女性」であるからこそ、私はそのすべてに拒否反応を起こした。冷淡で傲慢、そして強欲。特徴的な鋭い目つきと派手なジェスチャー。バルカンの政治家という「男たち」の中で唯一の女性でありながら、誰もが共感できるような人物ではなかった。むしろビリャナ・プラヴシッチの演説はその他多くの同僚よりも悪辣で、あのスロボダン・ミロシェヴィッチでさえ狂人とまでは言わないにしろ、過激すぎると考えていたほどだった。スルプスカ共和国のヒエラルキーにおいて、彼女はラドヴァン・カラジッチに次ぐ存在であった。バルカン半島で起きたこの上なき犯罪の何件かに一人の女性が関与していたという事実は、女性の手にかかれば世界はもっと良くなるのだと、恐れを抱かず信じようとする人であれば絶対に耐えられないはず。

ボスニアの統治がプラヴシッチの手に委ねられている間、そこは地獄に支配されていたのだから。

そして二〇一〇年が経過した今、戦争犯罪の罪に問われた同一の女性が、大きな金の十字架のネックレスを着け優雅な衣装に身を包み、思慮深げに頬杖をつきながらハーグの旧ユーゴスラヴィア国際刑事裁判所に出廷している。ビリャナ・プラヴシッチは七二歳にしてもなお、見掛けよりはずっと若い。髪は肩ほどの長さでほぼノーメイク。それどころか一見したところでは、政治の世界に身を投じる前と同じように見える――著名な教授然。周知のごとくサラエヴォ大学の生物学の教授であった。なぜ離職したのかは誰にもわからない。おおかた権力欲にでも駆られたのだろう。

二年前、プラヴシッチは自国民を守るために義務を果たしたに過ぎないとかたく信じ、自首をした。初公判では無罪を主張するも、戦犯で唯一の女性であるにもかかわらず、世間の同情を引きはしなかった。短期間の懲役の後、保釈されている。

ところがその矢先、昨年一〇月にビデオリンクを通じての証言で思わぬ展開を迎えた。なんと最初の供述を撤回し、有罪を認めたのである。セルビア人の間での落胆は大きく、プラヴシッチの狙いは一体何なのかと話題になった。ミロシェヴィッチに不利な証言をすれば刑が軽くなるのだろうか？　何しろプラヴシッチは冷徹で計算高いことで知られているし、それに検察官や裁判官との駆け引きというものは、裁判所ではおなじみである。

それにしても、ビリャナ・プラヴシッチには皆が驚かされた。一二月に法廷に立ったときは、まったく別人のように振る舞ったのだ。彼女の発言は誠実で、謙虚で、感動的で、まるで自責の念に駆られているようだった。「何も知りませんでした」とも、「命令に従っただけです」とも言わなかった。人道に対する罪を認め、他の告訴はすべて取り下げられた。「間違いありません。何千人もの罪なき人々が、組織的かつ体系的な行為の犠牲となったと認めます。セルビア人が我が領土だと考えていた地域からの、ボシュニャク人とクロアチア人の追放が目的でした」と法廷で述べたのである。

セルビア人が戦争犯罪を犯した理由を問われると、プラヴシッチは「盲目的な恐怖です。第二次世界大戦のように、再び犠牲者となるのを恐れていたのです」と答えた。

セルビア人以外の住民が皆非人道的な扱いを受けているとの非難に対しては、「すべての罪なき命には命で、すべての不当な死には死で報いる正義があります。もちろん私としましては、そのような正義の要求に応え、死で償うことはできません。自分にできるのは、真実を知り、伝え、責任を受け入れる行為であって、それが何かの利益となるようできる限り願うだけです。そうすることでムスリム人［原文ママ］、クロアチア人、そしてセルビア人であっても、罪なき犠牲者家族たちがしばしば憎しみとなり、最後には自己破壊をもたらす憎悪に支配されずに済むようになればと思っています」と述べている。

減刑はプラヴシッチの目的ではなかったのである。何しろ一〇数年以上の刑期は無期懲役を意味するのだから。

法廷におけるビリャナ・プラヴシッチの今までにない陳述は、勇気ある証言であるのみならず、モラルの変化をも迎える出発点に立ったという確かな証拠でもある。さらに言えば、歴史的証言そのものなのだ。プラヴシッチのような人物が自らとセルビアの罪を認めた後では、もはや誰一人として彼女を否定できなくなるのだから。こうして紛争責任を問われた政治家の面には、誰一人としてプラヴシッチの懺悔をしのぐ者は現れなかった。それゆえプラヴシッチの言葉は、自分たちには戦争責任がまったくないという誤解から大半のセルビア人を覚めさせようとする点において重大な結果をもたらすかもしれない。ビリャナ・プラヴシッチはかつて主戦論者の中で最も急進的な人物だったが、今では随一の改悛者にまでなったのである。

いまだに身を隠し、正義から逃れている男たちがいるにもかかわらず、ビリャナ・プラヴシッチという一人の女性が勇気を振り絞って自らの罪を認めたのだ——すべてのセルビア人が戦争犯罪者であるという一般化から人々を解放するために。

（二〇〇三年）

二

一九九二年の春、ビリャナ・プラヴシッチがビイェリナを訪れた際に撮影された、有名な写真がある。プラヴシッチが現地に到着したのは、アルカンことジェリコ・ラジュナトヴィッチとその虎[1]がボシュニャク人を殺害し、ボスニアの都市を「解放」した直後。皆を褒め称えにやって来たのである。いつも通りのエレガントな装いに、髪を整えヒールを履いたプラヴシッチは、アルカンを温かく抱擁しキスをする。歩道に散在する死体を、文字通り飛び越えなければならなかった。

写真で見る限り、気にもかけていないようだった。

（……）

スウェーデンのヒンセベリ刑務所[2]で、一一年間の刑期のうち三分の二を終えたビリャナ・プラヴシッチは今、自由となった。人道に対する罪で一一年の刑期に処されたが、ずいぶん派手な方法で悔い改めた結果、二五年の懲役刑となるジェノサイドの罪を免れたのである。旧ユーゴスラヴィア国際刑事裁判所の判事たちは、裁判を待つ他の被告人にも影響を与えるのではと期待を寄せつつ、プラヴシッチの懺悔を真摯に受け止めた。それは自らの罪を理解し、――曰く――セルビア人自身の罪を認めることで集団的な罪から自民族を救おうとする、勇敢で道徳心あるジェスチャーのように見えたのである。

しかし結局、道徳や宗教的信条とはかけ離れた行為だったのだとわかった。ビリャナ・プラヴシッチの真の狙いは、昨年の春スウェーデンの雑誌『わたしたち』（*Vi*）のインタビューで明らかとなっている。自分の「罪の告白」は見せかけだけの茶番に過ぎないと皮肉ったのだ。礼節を弁えたこの教授が、刑期短縮のために故意に嘘をついたのである。悔い改めてなどいなかったのだ。

この偽善者ぶった芝居により、ビリャナ・プラヴシッチのふるまいは、同インタビューで「臆病者」、「マフィア」呼ばわりしたラドヴァン・カラジッチの行動以上に悪質であると明らかとなった。刑務所内の状況に不満を持ち、「生まれてこの方本も読んだこともない受刑者と同等に扱われている」と言い放ったのには呆れ返る。まるで、プラヴシッチには学歴があるから優遇されるべきだと言わんばかりではないか。ボシュニャク人に対し差別的な発言をした際、自分の読んだ本のことを思い出さなかったのだろうかと疑問を持たずにはいられない。

いくら善良で教養があるとは思っていても、プラヴシッチは戦争中にボスニアで行われた史上最悪の犯罪をいくつも犯しており、ヒンセベリ刑務所の他の囚人よりもはるかに重罪だ。教育がより高い道徳心を保証するものではないと改めて示されたわけである。そしてラドヴァン・カラジッチも教養ある詩人だ。近辺の丘からサラエヴォに向かって狙撃銃を発砲したエドゥアルド・リモノフも然り。

数年前、私は戦時中に犯した悪行を思い切って告白した女性の良い手本として、ビリャナ・

（1）Arkanovi Tigrovi　アルカンにより設立されたセルビア義勇防衛隊（準軍事組織）
（2）Hinsebergs herrgård　スウェーデンのヒンセベリにある女子刑務所。

プラヴシッチを取り上げた。懺悔にはかなりの勇気と確固たる道徳心が必要であるため、プラヴシッチを賞賛したのである。カラジッチやムラディッチのようなバルカン半島の逃亡犯に、プラヴシッチが教訓を与えたものだと信じていた。

何たる思い違いであろう！

（二〇〇九年）

決して届くことのなかった救いの手

午後

六月に入ったばかりだというのに、もう随分暑い。一〇年前のスレブレニツァのあの日と同じだわ、とヌーラはコーヒーを淹れるため、ジェズバでお湯を沸かしながら考えた。その日二杯目のコーヒー。午後遅い時間、もうじきご近所のアムラと二二歳になるアムラの娘が仕事から帰ってくる。ヌーラは娘のいるアムラを妬ましく感じていた。戦時中に娘がいるというのは本当に恵まれている。もちろんそれは偏った考えだったし、女性はひどい目に遭ってきたのだけれど。それを除けば、ヌーラはアムラに感謝していた。間もなく三人は一緒に夕食をとり、テレビを観る。こうして毎日は去ってゆくのだ。

もう一〇年になるわ、とヌーラは思った。アズミルが生きていれば、二六歳――適齢期の青年で、結婚だってしているかもしれない。ヌーラは、息子が同級生の黒髪の女の子を見つめていたのを今でも覚えている――しかしその子はセルビア人だった。今ではもう二人が結婚するなんてきっとできっこない。ヌーラはしばしば、アズミルがここにいたら何をしているのだろうと空想にふける。きっと家を建てているはずだわ、あの子は器用だったから。アズミルへの思いで石化してしまった魂を温めながら、ヌーラはしばしば遠くを見つめる。アズミルへの思いで生かされているのだ。それでもやはり、羞恥心を抱く。何度も繰り返してきた。生き残ったことを恥じているのだ。なぜって？　なぜヌーラが恥じねばならないかと？　もし誰かが息子と入れ替わり、その命を引き換えに差し出してくれると言ったなら——ヌーラは二つ返事でお願いするだろう。アズミルは背も高くなく、大柄でもない青年だった。柔らかな曲線を描く体格もあってか若々しく、ほとんど少年のようだったのに！

だからヌーラは、兵士がアズミルを見逃していてくれたらと期待を抱いていた。何という間違いだったのかしらと悲痛に感じながら、台所に独り座っていた。

ヌーラはちびちびとトルココーヒーを飲む。自分はアズミルの死をとっくに受け入れているのだとわかってはいるものの、あの不快な言葉だけは決して口にしない……心の中でさえも。それに一〇年も家に帰ってこない、連絡もないなんて。息子を阻むものって何？　生きていれば、知り合いを通じてだって何かしら連絡を取る方法を見つけているはず。キッチンに独りで座っているはずなのに、ヌーラは向かいにいる人と話しているかのように首を振る。相手などいない。ヌーラの全身が、アズミルはもうこの世にいないのだと物語っている。同じように、アルカンの「虎」［準軍事組織］がビイェリナに突入した開戦直後から、彼女は自分の叔父は殺されたのだと感じていた。やがてヌーラは叔父の運命について知ることになり、遺体を引き取りもした——相応しく埋葬するために、お金を払って引き取る必要があった。立派な葬儀は大切だ。死者が匿名のまま、どこかの集団墓地にまとめて入れられるようなことはあってはならない。アズミルについては、間違いなく死んでしまっているのだと思った。その感覚は、骨や筋肉の隅々にまで浸透していた——息子の身に何が起こったのか、本当のところはわかりもしないのに。それがいつなのかも、どこなのかも。アズミルの死は公には確認されていない。ここ数年で、スレブレニツァの虐殺の犠牲者の遺骨は数千体見つかっている。ヌーラもまた、他の女性たちと同じように息子の遺骨確認のために足を運んだ。しかし、腕時計、シャツの切端、黒ずんだ骨——人間の骨がこんなに細く脆く見えるなんて、まるで大地にかじられたみたいだわとヌーラは思った——に貼られた写真のどれもが息子のものではなかった。アズミルの遺骨ではないとわかり心が楽になったのか、あるいは長年の不安が未だ解消されない現実には不満を感じているのかは結局わからぬまま、ヌーラは大きなため息をついた。息子の骨が埋葬もされず森の中に散らばっているのだと、そして他の母親が恐怖と安堵の中でアズミルの私物を見ているかもしれないと考えるだけでもう……。アズミルは死んでしまっただけでなく、ヌーラにとって永遠に失われてしまった。

夕方

キッチンで夕食の洗い物を済ませていると、テレビでスレブレニツァについて取り上げている音が聞こえてきた。また虐殺を扱った番組ね、とヌーラは思った。ここ数年、胸をきつく締め付けられながら、行方不明の息子が映ってはいまいかと思いながらも、見つからないよう祈りながら追ってきたのだ。気がつけば、スレブレニツァ関連の番組をひとつも見られなくなってしまっていた。一〇年間待ち続ける、というのは長い。なぜヌーラは今になってテレビを見るのだろう？　何か新しい発見があるのだろうか？　しかし我慢できず、リビングにいるアムラの隣に座った。画面に映るのは番組ではなくひどく擦り切れたビデオ映像だったが、色あせた制服を着たセルビア人たちが、恥ずかし気もなくカメラに向かっているのが見ている者にもわかった。何と横柄で傲慢なのかしら、とヌーラは思った。ビデオには後ろ手に縛られた四人の捕虜の姿が映っている。突然、「蠍」「民兵組織」が捕虜を殺し始める――いとも簡単に。ヌーラには反応する暇さえなかった。残り二人の捕虜がカメラの前に現れたので、視線を下へ向けたのだが間に合わなかった。その視線の先には、見覚えのある姿がある。アズミル。その明るい茶色の髪、手、シャツ。後ろ手に縛られ、少しだけ前かがみになったまま、しばらくそこに立っている。ヌーラは突如、深く潜りすぎたかのごとき猛烈な圧迫感を胸に感じる。無意味にも空気を吸おうとする。物音ひとつ、自分の心臓の鼓動さえ聞こえず声も出せない。その部屋に、画面のそのシーンに、出口もなく閉じ込められている。ヌーラには次に何が起こるのかわかっている。アズミルが肩越しにカメラに視線を向ける――子どもの頃と同じ、泣き出す前にしていた歪んだ顔。母親にとっては見慣れた仕草――ヌーラは目を閉じようとする。もう十分見た表情。しかし瞼は言うことを聞かず、視線は画面に釘付けになったまま。アズミルは銃弾に倒れ、ゆっくりと崩れていく。

すべてがとてもゆっくりと起こっている。あるいは、ヌーラにだけそう見えるのかもしれない。もうわからないし、そんなことはどうだっていい。まだ水中にいて、肺が破裂しそうだ。ちょうどそのときアムラに優しく揺さぶられるのを感じ、麻痺が徐々に治まっていく気がした。ヌーラは悪夢の中で何度も見たシーンを目の当たりにしたが、今回はすべて見届けたのだ――最後の最後まで。夢の中ではラストシーンを見ることなく、いつも目を覚ましていた。だからこそ何が起きたのかを知りたかった。今はわかる。これが終わりなのだと。やっとの思いで目を閉じると、自分自身の内部でいつもと違う音がする。春の薄氷のように、パリパリと響く。「魂の砕ける音がするわ」とわずかに声を発する。アムラはヌーラをしっかりと、ずっと抱き締め続ける。

夜

ベッドに一人横たわっていると、ずっと同じシーンが目に浮かんでくる。アズミルの死の瞬間ではない。肩越しに覗く、助けを求めるあの眼差し……決して届くことのなかった救いの手。

（二〇〇五年）

ミロシェヴィッチは孤独に、惨めな最期を迎えた——その残忍で憎悪に満ちた民族主義政策によって生じた多くの犠牲者のように。死亡原因は心臓発作であると断定されたものの、噂や憶測はいまだ飛び交っている。ある者は、ミロシェヴィッチの血液から飲んでもいない薬物が見つかったことから自殺ではないかと推測し、はたまた毒殺されたのではないかと言う者までいた。だが、誰一人として本当の死因が「愛」である可能性には辿り着いていない。第二次世界大戦後のヨーロッパ史上最大の戦争犯罪の責任を問われている人物の話だと念頭に置けば、「愛」という言葉は極めて突飛だと思われる。もちろん、ミロシェヴィッチを良心の欠けた犯罪者、真の怪物と考える方が簡単であるし、より「自然」ですらある。だが本人に会った人々は、いつも同僚に奥さんの様子を尋ねたり、子どもの名前を覚えていたりと、気さくで思いやりのある人だったと語るのだ。

ところがミロシェヴィッチは、決して社交的なタイプではなかった。むしろ、常に注目の的となることを楽しんでいた社会学教授の妻ミーラ・マルコヴィッチに比べ、控えめで内気であったと言えよう。ミロシェヴィッチは生まれながらの指導者ですらなく、政治的なセンスも、狡猾さのかけらもない共産党の平凡な官僚だったのだ。政治家としての成功でさえミロシェヴィッチ自らが歩み始めたわけではない。彼の成功は、当時の旧ユーゴスラヴィアの政治的、社会的状況によってもたらされたに過ぎないという側面もある。要するに、環境以外はすべて妻の野心によるものなのだ。ミロシェヴィッチ台頭の秘密は、夫をユーゴスラヴィアで最も権力ある人物にしたいというミーラの熱望にあった。ミーラはミロシェヴィッチの人生において最も大切な人だった——どうやら死に様においても。二人の一生をかけた愛の物語、ミーラを「マクベス夫人」と呼ばせた権力欲と手練手管、二人の完全な相互依存関係——すべてが、二人を特異ながらも興味尽きない夫婦にしたのである。

一見したところ、ミーラの力がミロシェヴィッチに及んでいる様子はない。ずんぐりとした体格、センスのない服装、遠目に見ればクレオパトラのごとき髪型のミーラは、「ファム・ファタール」として振る舞っているわけではなかった。しかし、運命の女だったのだ。とはいえ、ひそひそと話す甲高い声は、ほとんど子どもと言ってもよかったが。若い頃は、二人きりでティーンエイジャーのように振る舞い、お互いを「子犬ちゃん」「子猫ちゃん」と呼び合っていた。ポジャレヴァッツの体育館で出会い、そこでロミオとジュリエットと呼ばれるようになった。二人は切っても切れない関係で、互いなくして過ごす日はなかった——ハーグの旧ユーゴスラヴィア国際刑事裁判所（ＩＣＴＹ）にミロシェヴィッチが引き渡されるまでは。もっとも、二人はさながらヘンゼルとグレーテルのようだった——家庭が崩壊し、孤児となった二人の子ども、とでも言えるだろうか。スロボダン・ミロシェヴィッチの両親は自殺しており、ミーラの母親は第二次世界大戦で処刑されている。ミーラの父親は後にこの事実を認めている。孤独で愛されなかった二人は、現実よりも病的状態に近い独自の世界を作り上げた。そして政治面においても、相互依存関係のなかで生きていた。ミロシェヴィッチが名ばかりの民主主義国セルビアの統治者として議会を無視して采配を振る間も、ミーラ・マルコヴィッチは夫の政治的決断に直接影響を与えていたのである。

二人の真のドラマはハーグ法廷への身柄引き渡しから始まった。ミロシェヴィッチがベオグラードの刑務所に拘留されている間、ミーラは毎日面会に訪れていた。しかし、シェベニンゲンに移されてからは面会ができなくなってしまった。ミロシェヴィッチにとって妻の訪問が何よりも大切だった。ミーラを待ち焦がれ、面会を容易にするための公判日の変更が不可能となれば「身体的虐待」と裁判所に訴えた。ある弁護士が、ミーラが豪雨の最中訪ねてきたときのエピソードを話してくれた。ミーラがサンダル履きだったのでミロシェヴィッチは大慌て。「ああ、僕の子猫ちゃん、びしょ濡れじゃないか！　足を温めてあげるからおいで」と言い、サンダルを脱がせたという。

三年前、ミーラは国外逃亡を余儀なくされた。セルビア警察が、ミロシェヴィッチの政治的指導者であったイヴァン・スタンボリッチの殺害にミーラが関与していると疑いをかけたのである。刑務所行きを恐れたミーラは、息子マルコが「ビジネス」の拠点を移し、義弟のボリスラヴ・ミロシェヴィッチが住んでいたロシアへと逃れた。しかしながらミーラの逃亡は、自身の逮捕という危険を伴わずしては夫との面会は不可能という結果をもたらした。ミロシェヴィッチにとって、痛恨の極みであった。

ミーラの傍にいたかったミロシェヴィッチは、高血圧の心臓病患者という立場を理由にモスクワへの移送を要請する手を考えた。しかし移送には病状の悪化を医師に納得させる必要があった。結果的には害のある、危険かつ愚かなアイデアとなったのであるが。それは自暴自棄になった人間だけが取る行動だった。自分の心臓と血圧の薬を意図的に操作し、ハーグ法廷がモスクワに送らざるを得ないような状態に持っていったのである！　報道によれば、ミロシェヴィッチは病状を悪化させるような薬の服用を始めたり、飲まないで健康状態を悪化させようと試みたりしていたとのことだ。いずれにせよ、自らの過ちのために死んだのである——愛のために死んだとも言えよう。

ハーグの戦犯を取り上げた『彼らは虫も殺せない』で、私はミロシェヴィッチの死より前にミーラ・マルコヴィッチの肖像を予言として描いていた。「あのカップルには何か悲劇的なものを感じる。エレナとニコラエ・チャウシェスクの辿った結末を迎えはしなかったかもしれないが、大差ない運命が二人を襲った。なぜ自分たちがかくの如き出来事に見舞われるのかまだ理解してはいない。スロボダンとミーラはヘンゼルとグレーテルのよう。愛されず捨てられてしまったが、孤立した世界で一緒にいる。無限の力を持つあいだ、二人の行動はバルカン半島全土に危機をもたらした。今はスロボダンとミーラにとってのリスクでしかない」と。

まさに我ながら明察、といったところか。

（二〇〇六年）

ラドヴァン・カラジッチvs.虫

その日の午後、ドラガン・ダビッチ医師は白髪となった長髪を後頭部で束ね、プラスティックのヘアクリップで頭頂部に留めた。それからおもむろに帽子をかぶり、いつものようにノヴィ・ベオグラードの賃貸アパートの玄関にある鏡に視線を落とした。ダビッチ医師は、本当の姿が明るみになるのを恐れてはいなかった。もう何年も前から、その出来栄えに満足し、誇らし気ですらあった。長髪にあご髭、古臭い眼鏡をかけた出立ちは、年老いたヒッピーかボヘミアンのよう。代替医療の医師、ニューエイジの指導者のイメージに相応しい。だが新しい外見には代償を払わなければならなかった。以前はダークスーツに蝶ネクタイを締め、白髪混じりの長い黒髪のロマンチックな詩人のような風貌だった。裕福で、特に女性には強い印象を与えた。しかしそれは遠い昔、医師ラドヴァン・カラジッチだったころの話である。

ダビッチ医師は、近くのバス停に向かった。謙虚で年配の「精神的指導者」としてのイメージには、バスの利用はうってつけだった。近所の同年配の女性に礼儀正しく挨拶すれば、彼女は笑顔で応えた。ユーリ・ガガーリン通りにあるアパートの住人たちは、特に知りたがり屋というわけでもなく都合が良かった。少なくとも正教会の修道院やモンテネグロの山奥の村に隠れる必要はもうない。それに、潜伏は彼の矜持が許さなかった。たとえ偽名であっても人に囲まれていたかった。注目されたくて仕方なかったのだ。

一方で、異なるイメージで得たのは極めて貴重なものだった——行動の自由。街を自由に歩き、カフェを訪れ、人と会い、講演を行い、他の街も訪問できる——まさしくベオグラードの一般市民。最も重要だったのは、以前従事していた精神医学に近い仕事ができた点である。いずれにせよ、心身ともに癒せる治療師だと思われていた。

バスの車内で、ダビッチ医師はちょうど真ん中あたりの席に身を落ち着かせていた。突然若い男が隣に座り、控えめに警察バッジを見せた。かつてユーゴスラヴィアの存在した時代を思い出し、当世の秘密警察はまったく変わったのだなと考えたに違いない。スルプスカ共和国の大統領になるずっと前、詐欺罪で起訴され一か月の刑に服したのだ。バスの降車扉に巧妙に配置された別の三人の男を指差し、その若者は同行するよう丁寧に頼んだ。カラジッチは突然、昔の自分に戻ったかのように見えた——驚きもせず、抵抗しようともしなかった。他の乗客は、次の停留所で帽子をかぶった白髭の男性を連れた一団が降りたことに、何の異変も感じなかった。

二〇〇八年七月二一日に逮捕されたとき、捕まったのは偶然ではないと本人は即座に理解したはずだ。逮捕されたのは、セルビアの秘密警察が苦労の末に発見したからではない——カラジッチは一挙手一投足を監視されているのを知っていたのだ。偽文書と新しい身分を与えたのも同じ秘密警察だったのだから。

逮捕は政治判断の問題だった。自首を考えていたのは事実だったが、その場合もあくまでも自己流を貫きたかった。カラジッチは二〇〇九年に行動に移す方がいいと考えていた。そうすれば、ハーグの旧ユーゴスラヴィア国際刑事裁判所（ＩＣＴＹ）への身柄引き渡しはないはずだったからである。同裁判所との協力関係は二〇〇八年に終了し、それ以降は新たな裁判が開かれることはない。加えて、セルビアでの裁判はハーグの裁判ほど厳しくはならないと見てとれた。だが運命は別の道を望んだのさ、と今ではお馴染みの運命論的な気分で考えたのであろう。

メディアが報じたように、カラジッチの逮捕は七月二一日の午後、八三番のバスの中であったのか、あるいはその数日前にまったく別の状況で実行されたのかどうかは問題ではない。ダビッチ医師の写真とともにニュースが流れたとき、最初の反応は――驚き、それから最重要指名手配中の戦犯の一人がもはや自由の身ではないという満足感は別にして――不信感であった。カラジッチが街中で、人々に紛れて普通の生活をずっと送っていた事実に誰もが驚いた。

最終的にはカラジッチの首に五〇〇万ドルの値がついたのであるが、彼にとっては大した問題ではなかったようだ。その後もカラジッチの完璧な潜伏計画に期待を裏切られつつも、賞賛の声すら上がっていた。ヨーロッパの最重要指名手配犯二名のうち一人が、瞑想、健康的な生活、レイキ、ホメオパシーなどを「専門」とするニューエイジの医師として平穏な生活を送ろうとは、まともな神経の持ち主なら考えるわけがない。サダム・フセインは不潔な状態で怯え潜んでいた穴の底から引きずり出されたとき、カラジッチに比べたらまったくの凡人であることが露呈した。カラジッチには少なくともスタイルがあった。自らの見せ方を自分で選んでいたし、その姿も典型的な逃亡者の恐怖と絶望を反映したものではなかった。偽文書も所持していた。

この一二年間におよぶ第二の人生では、数冊の本も出版している。決して少なくない業績だ。生まれながらにしてカリスマ的な指導者であったカラジッチは(と本人も思っていただろう)、偽りの身分の裏に隠れながらも、聴衆や、その言葉の端々に耳を傾ける信奉者をも魅了するのに成功した。支持者を眺めつつ、自分が書いた詩の朗読会に多くの人を集められなかったと残念に思うこともあったに違いない……。

ダビッチ医師ことラドヴァン・カラジッチは、代替医療の伝道師時代にセルビアの複数の都市で講談を行っている。二〇〇七年一〇月二六日から二〇〇八年五月二三日の間は、スメデレヴォ、キキンダ、ノヴィ・サドで開催されたさまざまな公共行事やフェスティバルに出席していた。二〇〇八年五月にはベオグラードのアダ・ツィガンリヤで開催された健康生活をテーマとする催しで「自分自身のエネルギーを育む方法」と題した講演を行っている。何百人もの人々が彼の話に耳を傾け、キキンダではテレビ番組にも出演したほどだ。それにもかかわらず、誰一人として彼の正体を疑いはしなかったのである。ダビッチ医師の秘密の生活から、数々の事実が詳しく知られるようになった。お気に入りのカフェは、時折バイオリン演奏があるルーディ・ドムというレストランで、「熊の血」という名にし負う赤ワインを飲み、トウモロコシ粉の健康的なパンをヨーグルトと一緒に食べていた。ミーラという名の愛人がいて、よく手をつないで一緒にいるところを目撃されている。逮捕時は、休暇でアドリア海へ出ようとしていた。爪を噛んでいたとか、フケが出ていたという話もある。カラジッチが旧ユーゴスラヴィア国際刑事裁判所で、人道に対する罪とジェノサイドの罪で訴えられた理由についてはあまり言及されていない点に関しては贅言を要さない。何しろ地元紙では有名人のように扱われていたのである。一方で、これだけメディアに登場する人物は、何があっても知名度を獲得していれば自動的にスターとなる。何十万人もの人々の死と、民族浄化の責任を負っていたとしても。

この話で最も興味深いのは、ラドヴァン・カラジッチが実は――偽名の使用を除けば――まったく隠れていなかった点である。他人から見れば巧妙で手の込んだ変装でも、同一人物の裏の顔にすぎない。大統領、戦犯、代替医療の医師となる前は、精神科医であり詩人だった。うつ病の治療を専門にしていた過去はほとんど語られてはいない。その後、ベオグラードのサッカーチーム、ツルヴェナ・ズヴェズダの精神科医を務め、公の場で一定の存在感を示すようになった。政治家にとって極めて重要な人間関係術を、カラジッチが心得ていたのは明らかだ。ただし勤務先の病院の資金で別荘を建てた罪で有罪判決を受け、一九九七年に一一か月間拘留されたことを除けば、カラジッチの経歴で最も興味深いのはエコロジーに携わっていたという事実である。一九九〇年に民族主義政党であるセルビア民主党の創設者として政界に身を投じる前は――当時の「時代精神」に棹さし――ボスニアの緑の党の創設に尽力していた。さらには妻のリリヤナとともに、心理的問題を抱えた人々のカウンセリングを目的としたボスニア初のホットラインを設立している。その直後に熱烈な民族主義者となったのは、「時代の精神」の急転に再び従ったのであろうか。

突然ナショナリストと化したエコロジストとは？　多くのトラウマを治療してきた、人命を救うエキスパートが戦犯へと変わるのだろうか。かつての優しくて善良な人間に、一体何が起こったのだろう。一九九〇年から一九九六年までの六年間、完全に別人のように振舞っていたのはなぜ？　彼の中で一体何が変化したのだろうか。その答えはそれほど複雑ではない。カラジッチの変化はドラマチックに見えるかもしれないが、多数の人々の人生を変えた出来事が、彼にも相次いで起こったのである。

例えば、戦争犯罪法廷の仲間ゴラン・イェリシッチの人生。虫も殺せないような人間であったこの青年は、一九九二年五月にブルチコ近郊のルカ収容所で一三人のボシュニャク人捕虜を処刑した罪で、法廷から懲役四〇年の判決を受けた。イェリシッチは大規模農場で整備士として働いていたが、ある日偶然に——戦時中にはよくあることだが、運命の指先によって——状況が一変してしまった。

釣りを好み、ボシュニャク人であれセルビア人であれ、民族を問わず隣人を愛したこの童顔の二一歳の男が手にしたのは銃であった。その五月の一八日間、イェリシッチは死刑執行人のように振る舞った。後にも先にも決して手を出さなかった行為である。生殺与奪の権を握ったとき、イェリシッチはまったく別人のように行動した。ラドヴァン・カラジッチも同様だった。野心と虚栄心がまずカラジッチを大統領にし、そして戦争犯罪の容疑者へと変えた。だがこのような変化に神秘性は存在しない。すべての人間は善にも悪にもなる可能性を内に秘めているのだから。大きく変わったのは状況。カラジッチの場合、スルプスカ共和国の初代大統領として（もちろん、個人的には絶対に虫も殺さないような人物であろうが）、一九九五年にスレブレニツァで、ムスリムの信仰と出自を持つボシュニャク系の男性約八〇〇〇人に死刑を宣告する場面に出くわした。カラジッチの目には、ボシュニャク人は虫よりも小さく映ったわけだ。嫌な任務ではあるが、彼の立場からすれば明らかに妥当に見えた。かかる命令は、詩人や精神科医としてのカラジッチのイメージと矛盾するものではなかった——人助けが好きな男。正確には違うが。つまり、サラエヴォ包囲と民間人の殺害（うち一五〇〇人は子どもだ）、スレブレニツァでの大量処刑、強制収容所、スルプスカ共和国が自ら主張した領土での民族浄化——結果として数百万人が移住、強制退去を余儀なくされた——などは、すべてセルビア人、言ってみればカラジッチの民にとって有益な戦略だと確信していたのである。セルビア人の「生存圏」（Lebensraum）を求めたのだ。

ニューエイジの伝道師ダビッチ医師という人格は、エコロジスト、親身になってくれる精神科医、電話カウンセラーとして、カラジッチの顔とは少しも相反するものではなかった。あらゆる役割がカラジッチに人心を手中に収める力を与え、人々を助け、「救い」を可能としていた。それゆえ彼は常に何らかの形で場を支配したのである。善良なラドヴァンも悪人のラドヴァンも、観客からの喝采を渇望する真のマエストロさながら、最も優れた才能は人々を欺く能力だと証明されたわけだ。そもそも人格を一変させたわけではなかったためか、ダビッチ医師への変身は完璧だった。カラジッチが容易にダビッチへと姿を変えたのも、単にダビッチが第二の自分であった為である。長髪にひげを生やしただけで、すっかりイメージを容易に変えたのだった。言うまでもなくダビッチは人々の「治療」を施し続けたが、方法を変えただけだった。ジェノサイドの後に到来したのは、代替医療の時代！　ダビッチの愛人と言われるミーラ（忠実なファン）が、「彼の心はどんな病気も治すことができたわ……私にとって聖人のような存在よ」と語る通りである。

実際に考えてみれば、スルプスカ共和国のような小国であれ、伝道師と一国の大統領にはある種の類似性がある。常に注目の的であり続けるのだ——何らかの形で。だがいつの時も、カラジッチには名声がすべてだった。通念とは裏腹に、ダビッチ医師への変身を決意した際、ラドヴァン・カラジッチは特別な想像力を発揮したわけではない。ただ、あの巨大で破壊的な権力を与えられていなかったときの自分に戻っただけなのだ。カラジッチの逮捕とＩＣＴＹへの身柄引渡しは、セルビアにとって容易な取引だった。カラジッチの逮捕によってセルビアは政治への信頼を大幅に強化し、一方本人はその神話的な地位を失った。もしカラジッチの身柄拘束が失敗に終わっていたとしたら、その逮捕をめぐり、セルビアを根底から揺るがし得るほどの教祖的存在として神話となったであろう。だがカラジッチは独りとなった。孤独は耐え難かったに違いない。特に、当時カラジッチの軍で軍事司令官だった同志ラトコ・ムラディッチでさえ、同じ運命を辿らなかったのだから。カラジッチは、ムラディッチの逮捕はまったく別の経緯となることを十分理解している。オラニエ・ホテル（オランダではスヘフェニンゲン拘置所と呼ばれる）に乗り込む際のカラジッチの行動は予測がつく。もちろん、無罪を主張するだろう——世界中のメディアからスポットライトを浴びる瞬間を楽しみながら。しかしそれも長くは続かない。裁判を待つ間、カラジッチは再び注目を集めようとすると思われる——限られた状況下で、かなり限定された聴衆の前ではあるが。あらゆる国籍の囚人仲間を助けるために、セラピーグループを結成するかもしれない。結局のところ、互いに戦ったことに何の意味があるのか。カラジッチは個人的に誰一人として恨んではない。もちろん、全員が命令に従って職務を遂行しただけであるのは言うまでもない。カラジッチは詩や小説、もしかしたら子ども向けの本まで書きそうだ——獄中生活についての本も期待していい。そのために、カラジッチは間違いなく理想的な環境を手にするだろうし、現世での残り時間もたっぷりとあろう。

（二〇〇八年）

いまだベオグラードへ旅立てない理由

ウィーンのマリアヒルファー通りを歩いていると、春の予感を含む突風が吹いた。偶然、私の隣を歩く三人の若者の声が耳に入ってきた。セルビア語で、ボシュニャク人やクロアチア人との付き合いについて話をしていた。私が注目したのは使われている言語のせいだけではない。近頃ではウィーンの街角や地下鉄でセルビア語を耳にする機会も多い。そうではなく、青年の一人が使った表現に殊のほか心打たれたのだ。「私たちの言葉を話す人がこんなにたくさんいるとは思わなかったよ」と口にしたのである。青年が「私たちの言葉」と言ったのは、セルビア語やボスニア語、クロアチア語といった個別の言語ではないのは明らかだった。それどころか、ポイントはこの若者が政治的に正しい表現であるはずの正式名称でその言語を呼ぶ「代わりに」、意図的に「私たちの言葉」と言った点だ。「私たちの言葉」とは通常、難民や移民、あるいはもっと簡単に言えば、外国に拠点を置く旧ユーゴスラヴィア出身者の混成集団が、それぞれのコミュニケーション言語の「通称」として使う言葉である。

旧ユーゴスラヴィアの人々にとって相互理解可能な言葉には、もはや共通の名称が存在しないという現実がある。かつてのセルビア・クロアチア語は存在しないのである。青年は、ユーゴスラヴィアの戦争後に規範として定着した最も小さい共通項を「私たちの言葉」と呼んだのだ。現実には、これは善意を仄めかすコードネームのような役割を果たしている。私たちは敵ではありません、色々ありましたが分かり合えますよ、というように。私はこの言葉に自分でも驚くほど血が騒いだのだった。この若者たちは、言語をどう呼んでいようともコミュニケーションを取っている。それが一番大事なのだと、黒いタウンウェアに身を包み早足で歩く姿を見て思った。とても若く、まだ一〇代のようだった。たぶんウィーンにやって来たばかりのセルビア人だろう。

だが青年たちがあまりに若く、ユーゴスラヴィア紛争勃発後に育った世代であると気づき、突然腹部を殴られたような衝撃を受けた。もしかすると一七年前、私が最後にベオグラードを訪れた後に彼らは生まれたのでは？　春の到来を感じる日に、青年がかわす会話から、最後の訪問時とはまったく異なる新しい世代が育っているとわかったのである。追い越されていくうち、かつて私を悩ませた罪の意識と不安が再び浮き彫りとなった。この一七年間、何度ベオグラードへ招待されただろう。友人、出版社、各種国際会議の主催者、さまざまな研究所が何度ベオグラードに呼んでくれただろうか。そのたびに私は誘いを丁重に断る、やむにやまれぬ理由を探した。言い訳なきままにしたことは一度たりともない。

吹き尽くしたかのように風は弱まり、私は歩みを緩めた。かつて抱いた疑問を自問自答せずにはいられなかった。なぜ私は長年ベオグラードを訪れなかったのだろう。友人に同じように問いかけられたなら、首を傾げるのはわかりきっている。あそこへ戻ると思うと不安になるのだ。戦争が始まってからはベオグラードを訪れるのを徹底的に避けていた。まるで街そのものが戦争のメタファーになってしまったかのように。何が私をそんなに不安にさせたのか。「彼ら」が？「彼ら」が「私たち」にした行為のせい？ それとも、セルビア人が当人の仲間内にしたことが理由なのだろうか。もしかしたら自分が心底向き合いたくなかったテーマを扱っているからかもしれない。重いスーツケースのごとき一七年分の重荷を背負い、いつかは現地に赴かねばならないとはわかっていた。スーツケースを開けたなら、ありとあらゆる顔、記憶、イメージ、言葉が溢れ出てくるに決まっている。一体誰がすべてを床から拾い上げ、スーツケースに戻してくれるのだろうか。だが、セルビアで完全に新しい世代が育つまで訪問を遅らせて、一体何の意味があるのだというのか。マリアヒルファー通りの街頭で交わされた会話を耳にするまで、私は内省だにしなかった。それが、不安を感じやすい自分の思考癖を助長したのである。

最後にベオグラードを訪れたのは一九九一年六月、クロアチアの独立宣言直前だった。先程の三人の青年の一人くらいは、あの頃、まさにその月に生まれたのかもしれない。女の子であってもおかしくはない。その女の子だって街の中心にある鉄道駅付近に住む両親のもとで育った可能性だってある。昔泊めてもらった友人ミリヤナの家の近くだ。その子の母親も同じように近くのパン屋が行きつけで、土曜日の朝にはカレニッチ市場を訪れていただろう。ミリヤナは間もなくして重い病気で亡くなってしまったが。滞在最終日にコーヒーを共にした友人ボリスは結婚した。一〇年後フランクフルト空港で会ったとき、ボリスの息子はすでに就学していた。もう一人の友人アナはベオグラードを離れ、パリ、それからサラエヴォへと移り住んだ。リュビツァはスロヴェニア、スウェーデン、それからベルギーへと渡った。ベオグラードへ戻ったのは最近だ。かつてザグレブに出入りしていたジャーナリスト仲間は、スロボダン・ミロシェヴィッチ政権下で文化情報大臣となった。また別の同僚は、民族主義に基づいたプロパガンダの主力工場、セルビア国営テレビの常務取締役となった。三人目はラトコ・ムラディッチ司令官に同行してスレブレニツァに赴き、血塗られた勝利の映像を撮った。

ベオグラードから遠ざかっているうちに得た断片的な情報は、自分たちの変容ぶりを示す証拠となっていった。あの人は？　じゃあ、この人はどうなってしまったの……え、何？　敵になってしまったって？　あるいは大臣として、民族主義にまみれた散文の書き手として、憎しみの使者として、もはや認識不可能なほど別の人物になってしまったの？　私たちは本当に知り合いだったのかしら？　人は本当の意味で他人を理解し、信じることができるのかしら？　問い続けていたら人間の醜悪な一面が露呈してしまい、私は落ち込んだ。鏡に映る自分を見ながら、変化の糸口を探した。他者に対する恐怖は、自分への恐怖でもある。ベオグラードへの旅は、半ば消えかけていたイメージや感情を呼び起こすであろうとわかっていた。腕に抱いた息子をセルビア兵に殺されたスレブレニツァのボシュニャク人女性の言葉だってそう。「あの人たちは私に、自分の腹を痛めた息子の血を飲ませたのです」という言葉だって、一三年間私の記憶の中に埋もれていたのだ。白いTシャツにジーンズ、スニーカー履きの若者がフェンスに蹲る姿を写した、サラエヴォの雑誌『デイズ』（*Dani*）の表紙を飾った写真も同じ。胸郭があるべき場所に開いた大穴を除けば、その写真には特別な意味などなかったはず。体に空いた穴の向こうに鉄のフェンスが見えるというのは、何て異様なのかしら、と写真を見て思った。意識的にフェンスに集中することで、全体の光景が現実味を帯びなくなるのだから。

それに皆と同じく、ベオグラード出身の旧友に対して抱いている自分の感情と向き合いたくないのかもしれない。このまま近づかず、行かない方がいいのかと思いながら。一方でベオグラードへの旅が、例えばザグレブへの帰還と異なる理由は何なのだろう？　それどころか私はザグレブでも同類の人間に会わねばならなかった――民族主義者になった旧友や同僚、ただ私利私欲のためだけに何かを試みる機会を得た人々。自分の大切な人たちの多くが、国を離れてしまったという事実に直面しなければならなかった。そう考えてみると、ベオグラードへ行っても同じ事態を目前にするだけでは。だがそうではない。ザグレブで暮らし働く。私の街なのだ――ザグレブの戦後の現実と「向き合わなければならなかった」。もちろん、ザグレブを離れ、二度と帰らないと言えば別だが。

ベオグラードは避けられる、そう思っていた。「でも、ベオグラードだって君の過去の一部じゃないか」と、ごく最近顔を合わせたボリスに言われた。ボリスは何年も前にアメリカからベオグラードに帰郷していた。私の街ザグレブでもなければ、ボリスの街ベオグラードでもなく、いつも通りウィーンで会った。別の会議で訪れた際のことである。私たちは、今はもう変わってしまった自分の場所への帰還に伴う不快感について語り合った。ボリスは戦後初めてドゥブロヴニクを訪れたときの経験を話してくれた。痛みを伴う旅だったと言う。ドゥブロヴニクの石畳で過ごしたノスタルジックな夏の思い出のせいだけではない。あるいは、爆撃で破壊されてしまったあの美しい中世の街並みを見たからだ。ユーゴスラヴィア人民軍が「その名を借りて」[1]破壊行為を行ったという事実を知りながら、その場にいるのは悲しいことだった。「ベオグラードとその地の人々を、君は自分自身で訪ねなければいけないよ。結局、街を作るのは人なのだから」とボリスは言う。

ボリスは、スーツに身を包んだ背が高くハンサムな青年の写真を見せてくれた。今では青年へと成長した息子だ。はじめはフランクフルトの飛行機の搭乗口、それからアメリカの家で会った小さな男の子が、今や法学部の学生になっているとはにわかには信じられなかった。マリアヒルファー通りでの会話と青年の写真を見て、私はじきに選挙で投票できるようになる新世代がいるという事実を思い知った。私はこの世代の現在を看過していた。私はその成長を追って得られる、大切な何かを見逃してしまったのだ。自分は若者の何を知っているかしら？［セルビア人は］ビザなしでは外国へ行けないし、ロンドンやパリ、トリエステですら見られないという事実。ブカレストやソフィアにも旅行できなくなった。

セルビアの若い世代が置かれた状況が、どれほど悲しく、また馬鹿げていて屈辱的であるか。思い出してみると、私たちの世代といえば旧ユーゴスラヴィアの赤いパスポートでヨーロッパをビザなしで旅行できたのだ。これこそソ連圏に属していた他の国との違いであり、誇りの源であった。七〇年代にイタリアやフランス、イギリスやスウェーデンへ、夏休みのイチゴ狩りや小遣い稼ぎに出かけていた私たちをソ連圏の人々は羨望の眼差しで見ていた。私だって学生時代にスウェーデンのデパートの倉庫で三か月間働き、丸一年分の給金を持ち帰りもした。何より本物のジーンズやイタリアの高級靴、外国の本や蓄音機のレコードを買うことができたのだから、羨望の的であった。旅行の自由は旧ユーゴスラヴィアの政治体制を我慢する代償の一つでもあり、一種の神話作用をもたらしていた。私たちは、「人間の顔をした社会主義」には理論の破綻はなく、存続していくのだと信じるように買収されていたのだ。疑問の余地もなかった。

私がウィーンへ会議に出向いたとき、マリアヒルファー通りでセルビア語を話していた子どもたちは、十中八九セルビア出身ではないということに気づいた。もし本当にセルビアから来たのであれば、ビザを取得できた数少ないセルビア人なのだ。近頃、ＥＵ圏外のヨーロッパに住む若者のビザ問題に関する議論を耳にした。セルビア人は特にビザの取得が難しく、結果として若者は孤立し、世界を見ることができない。なぜ、やってもいないことで若者を罰するのだろうか？　ユーゴスラヴィアでの戦争が勃発したとき若者たちは生まれてもいなかったのだ。一人の発言者は、父親たちの戦争に我々は責任がない、と怒りを込めて話していた。明らかに聴衆の同情を誘うような発言であったが、正直言って私は心を動かされなかった。むしろその怒りに腹立たしさを覚えたほどだ！　青年は若者を代表し、新しい世代は「ヨーロッパ」からこのような扱いを受けるに値しないと示唆していた。つまり実質的には、若さが彼らの無実を保証しているのだと言わんとしていたのだ。セルビアの若者は無罪だと「前提」しているようで、私は苛立ちを覚えたのである。

自分だって、私の世代全体がそうであったように、第二次世界大戦後に生まれた自分たちには罪はないと感じていた。生まれる前に起きた罪と自分に何の関係があるというのだろう？　私たちの状況と、セルビアの若者が置かれている立場は端的に並列できない。私たちの父親は、

（1）ユーゴスラヴィア社会主義連邦共和国軍。構成員はセルビア人が最も多く、過半数を超えていた。一九九一年のスロヴェニアとクロアチアによる独立宣言後、スロヴェニア人部隊、クロアチア人部隊が編成され、人民軍との対立を激化させた。

正義のために国を守る反ファシスト戦争を戦ったのだから（セルビアの父親の多くも同様に主張するであろうが）。とは言え、父親たちも決して口外はしなかったが数々の戦争犯罪を第二次世界大戦中に犯していた。ただし私は彼らの沈黙を責めるつもりはない――今回のクロアチア、ボスニア、コソヴォでの戦争の後にも見られる沈黙と同種である。そうではなく、例えば「父さん、戦争で何をしたの」という至ってシンプルだが極めて難しい、然るべき質問をしなかった自分たちを責めているのだ。父たちの自己正当化の方便や、イデオロギー重視の歴史解釈に疑問を投げかけるのは私たちの責任だった。そうしなかったから失敗したのだ。次世代、あるいは私たちの世代には、反ファシズム戦争や共産主義革命――内戦とも言える――だけでなく、当時の戦争に関する真実を突き止める責任があった。それでも自分たちが正史や教科書を信頼していたのは、そう生きる方が楽だったから。過去に対する私たちの怠慢は、一九九〇年代に新たな民族紛争を容易たらしめた理由の一つである。

セルビアの新世代について私はよく知りはしないものの、自らの「歴史」に関する若者の知識は重要な論点であるのは明らだ。会議でビザ問題に関して怒りをぶつけている若者の話を耳にし、思い違いをしていると感じた。彼の世代も、私たちと同様にある種の責任を負っているのだ。沈黙を保ち、生まれる前に起こった出来事に疑問を抱かず、父親たちが戦争で何をしたのかに無関心を貫く。そして若く、手の汚れていない自分たちには傲慢な態度が許され、ビザを取得する権利があると信じる姿勢への責任である。何よりも、ビザがない理由を「自分の」親に問いかけなかったのだから。実際にはセルビアの若い世代に過去の責任はない。しかし、誰もが過去に対し、現在の自分が持つスタンスという課題に対しては責任を持っている。その人の未来を左右するからだ。本来なら親世代である私たちが学ぶべき教訓だった。きちんと遺訓を得なかった応報は、今になって私たち自身に降りかかったのだ。

ボリスの賢明な示唆のおかげで、自分がベオグラードの友人との再会を怖れていないとわかった。何しろこの何年もの間、私たちは国外の会議や行事で顔を合わせてきたのだ。戦時中や戦後にお互いが何をし、何を言い、何を書いたかをよく分かっている。自分自身の間違いや誤解だってすべて理解している。未だ恥じ入っている自分の過ちについて一例を。一九九九年か二〇〇〇年だったかと思う。コソヴォからアルバニア人が大量に流出した後、セルビア人の若き小説家でジャーナリストのヴラディミル・アルセニイェヴィッチが「我々は皆、アルバニア人である」という文章を書いたときの出来事だ。彼のテクストのある一文に違和感を持ったのである。キッチンへ行き、冷蔵庫を開けて冷えたビールを取り出した、とアルセニイェヴィッチは書いていた。「冷えたビール」と不釣り合いな彼の文章の光景に私は耐えきれなかった。コソヴォの人々の苦悩、アルバニアや北マケドニアからの集団脱出、容赦なく照りつける太陽の下にできた難民の長い列、それから数枚のビニール袋に全財産を入れて歩を進めている様子も描写している。ここにきてアルセニイェヴィッチは「冷たいビール」を取りに行って一口飲んでから、自分たちの生活を嘆き続けたのである！　たとえ冷えたビールを飲んだとしても、記事にすべきではなかった。難民に同情を向ける記事ではあれ、自らを難民と混同すべきではなかった。それに私たち全員がアルバニア人になれるわけもない。特に一方が冷えたビールを飲んでいて、もう一方が恐怖を避けようとしているようときはなおさら。その記述に、私はなんとなく違和感を覚えた。だがアルセニイェヴィッチは当時、民族主義やコソヴォ紛争に反対する数少ないセルビア人作家だった。その他多くの作家とは違うと知っていたからこそ、民族主義に傾倒する作家の物語よりも彼の文章が私を苛立たせたのだ。とは言え、公然と作家を非難したのは私のミス。道徳的な完璧さを求めたのが間違いだったのだ。数年後、私はこの若い作家に初めて顔を合わせた。クロアチアで。背が高く細身で、長い髪を後ろで束ねた、優しい表情の男性だった。私は自ら名乗り出て、批評について謝罪した。アルセニイェヴィッチは私の謝罪を笑顔で受け入れてくれた。

ボリスも私も、友人や旧友が戦争中に何をしたのかを知っている。私たちは、すべての知人の過ちの責任を取ることだってできる――ボスニアやコソヴォでの行為をめぐり、他の人々が自分の親族や友人、隣人の責を負うのと同じように。ほとんどの人は自分が戦争に加担したと認めたくはない。全員が人殺しをした戦犯というわけではないにしても、次のような罪を問題にせざるを得ない。殺人政権に投票した責任、自分たちがミロシェヴィッチと超大国両者の犠牲者だと信じた責任（結局のところ、ベオグラードは超大国アメリカによって爆撃されたのでは?）、民族主義の圧力に屈するしか道はないと信じた責任に向き合わねばならない。残念ながら、セルビア人は未だにごく最近の過去を否定している。この「社会が真実を突き止めようとしない」行為こそが問題なのだ。

私たちは沈黙すべきではない。自らの、あるいは親の過ちを繰り返してはならない。私たちは皆、必ずや過去と向き合わねばならない。戦争を目撃したすべての人に与えられた課題である。ただし戦後の若い世代には自分自身で真実を明らかにする責任がある。若者たちはＥＵによって罰せられるのではなく、親のために罰せられているのだ。ビザを剥奪されているのは、自分たちの本来の姿が問題なのではなく、親が何を行い、あるいは何を行わなかったのかが原因である。今のセルビアの若い世代は、たった一つの果たすべき責任によって孤立を余儀なくされた。それは「問い質す」行為をしないためなのだ。だから私は、長い間ベオグラードを訪れていないのだと思う。私は若者たちの沈黙と否定に耐えられなかったのだ。たとえ自分の国であっても沈黙と否定を許してはいけない。

（二〇〇九年）

五月二六日午前六時半ごろ、セルビアの小さな町ラザレヴォに住む一人の老紳士は、まさにその時立ち上がり家を出ようとしていた。前夜には書類と薬をビニール袋に詰め終わっていた。今から行く場所では、もうこれ以上は必要ないだろう。朝食を終えて家の中をうろつくも、どのみち避けられないのだと思い座り直した。複数の警察官が逮捕に現れたときも、老紳士は身分を隠しはしなかった。本名が書かれた期限切れの身分証明書を手渡した。ラトコ・ムラディッチ、一九四三年生まれ。続いて自分の鞄を手に取り、最後に家族写真に視線を投げかけ、警察官にそれを差し出した。二三歳だった娘アナを指しながら「あなた方が殺したんだ」と言った。「いいえ、違いますよ」と警察官は辛抱強く答えた。「わかっているさ。何も個人を指しているのではない。だが犯人が誰なのか、なぜそんなことをしたのかもわかっている」とムラディッチは言った。警察官が質素なアパートを捜索するなか、彼は母スターナや陸軍士官学校での生活、自分の過去などについて語り始めた。しばらくして全員一緒に建物から出てパトカーに乗り込む際、ムラディッチには手錠がかかっていなかった。

セルビアの新聞に掲載された記事によると、当局によるラトコ・ムラディッチ逮捕の公式発表はひとまずこんな次第だった。当局としては、ムラディッチ逮捕の正確な日付はもちろん、警察による確保時刻も事前に把握していたのだと示しておきたかったのである。それどころかムラディッチの逮捕はすでに決定事項で、家族に支払われる一千万ユーロと引き換えに従順に自首するとムラディッチと当局の間で合意が成立していたとメディアは報じている。かくて逮捕は目立たず、いかなる強要もなく執り行われた所以である。

ムラディッチがベオグラードの裁判所に入っていく姿を捉えた写真の一枚目には、野球帽を被った白髪頭の、やや猫背で中肉中背の男が写っている。逃亡し潜伏している間にムラディッチは少なくとも二度の脳卒中に見舞われ、その後も次々と健康上の爆弾を抱えていったそうだ。すべては一九九四年、娘アナの自殺によって始まる。ボスニアで戦争犯罪を犯した父親を許せなかった上での所作だと思われ、ずっと父親は娘が敵に殺されたという考えに囚われて生きていたのだ。

ムラディッチは六八歳にしては、私たちが想像する以上に老け込んでいた――かつてボスニアのセルビア軍総司令官を務めた、氷のまなざしを持つ傲慢で冷酷な男の面影はわずかながらに残っているだけだった。一五年もの間ムラディッチは司法から逃げ続けていたが、大きな疑問は果たして本当に隠れていたのか、それとも潜伏を装っていただけで、実際は某官僚らの庇護下にあったのだろうか、という点である。国家保安局（SDS）の元最高責任者であるゾラン・ミヤトヴィッチ（スロボダン・ミロシェヴィッチの逮捕と引き渡しの責任者）はインタビューにおいて、ムラディッチはもっと早い段階、つまりミロシェヴィッチと同時期には逮捕可能だったはずだと語っている。しかし、特筆すべきは二〇〇三年にヴォイスラヴ・コシュトゥニツァが大統領に選出されて以降、逮捕に向けての政治的な意志が欠如していた点である。ミヤトヴィッチによれば、諜報部は現役の軍人に対し合法的な作戦行動はとれなかったものの、軍は事実上の指揮を執っていたと見て間違いないということだ。さらに、ムラディッチは軍の知人に守られているのだろうとも推測している。少なくとも二〇〇一年に監視網から姿を消すまでは、ムラディッチは逮捕される危険など感じていなかったようなのだ。一方、ラドヴァン・カラジッチは身分を変えていた。では、当局はムラディッチの居場所をずっと知っていて、今になって逮捕したということなのだろうか。もちろんこれを確認できる人はいない。だが逮捕時の様子からしてその可能性は高いと言えよう。

結局のところ、セルビアの政界では現実主義に軍配が上がった。当初ボリス・タディッチ大統領は、ラトコ・ムラディッチの逮捕はセルビアのEU加盟への願望とは無関係だと述べていたものの、当時も逮捕が偶然だったと考える人はごくわずかだった。世論調査から判断してもほとんどの人が取引だったと考えている。日曜日の夕方には、数千人の過激派による街頭抗議がベオグラードで行われたし、彼らの不満は一般市民の間でのムラディッチの運命への関心の高さを意味していた。しかし約半数ものセルビア人がムラディッチを英雄視しているにもかかわらず、明らかに人々が街頭抗議に参加する気配は見られなかった。

ラトコ・ムラディッチの逮捕は、セルビアだけにとどまらず、意味深い象徴的なパフォーマンスとなった。戦争犯罪には時効はなく、司法の手は遅れても届くのだというメッセージとなったわけである。死者への敬意を払うだけでなく、犯罪者の逮捕は生きている人々に対するより重要なメッセージだ——セルビア人、ボシュニャク人、クロアチア人はいかなる障害があろうとも努力し、共生していかなければならない。さらに、ムラディッチの引き渡しはセルビア当局からのある政治的なメッセージをも伴っていた。つまりはこの歴史に区切りをつけ、あわよくばＥＵ支援のもと未来に身を捧げようという好都合な期待である。この変化は一年前、セルビア議会が「スレブレニツァ宣言」を承認し、ボシュニャク人に対する犯罪を非難、同情と謝罪を表明したときから見受けられるようになった。つまりはボスニアでの戦争犯罪において、セルビアの果たした役割を完全に認めたのである。

さてこれからムラディッチは法廷で犯した罪の数々の責任を問われることになる。裁判によって個人の罪は立証されてゆくに違いない。しかし、裁判はムラディッチ個人の罪の問題にとどまらず、旧ユーゴスラヴィアの共和国ボスニア・ヘルツェゴヴィナ、クロアチア、そしてコソヴォ自治州(1)を荒廃させ、少なくとも一〇万人の死者と数百万人の避難民を出したこの悲惨な戦争を引き起こした原因についても追求せざるを得まい。果たしてムラディッチの裁判は、惨状を呈した歴史の深部の最果てとなり得るのだろうか。

ベオグラードでの初公判において、ムラディッチは「なぜ私を責めるのか。あなた方全員でミロシェヴィッチを選んだのではないか」と判事や傍聴席の人々に向かって言い放った。おそらく自分の責任を軽減し、命令を下した者に人の目を向けたかったのであろう。ムラディッチはハーグにある旧ユーゴスラヴィア国際刑事裁判所（ＩＣＴＹ）の司法権を認めない上に、つ

(1) 二〇〇八年二月一七日に独立を宣言。クロアチアは同年三月一九日、ブルガリアとハンガリーと共同声明で独立を承認している。

まるところ次のような弁明をしたいようである。つまりラドヴァン・カラジッチがスルプスカ共和国の大統領であり、彼こそが最高司令官でムラディッチの直属の上司だったのだと。

だが、ムラディッチの主張は一つだけ正しい。有罪になるならば（ハーグ法廷の権限を認めるかどうかは別として）、ナショナリズム、憎悪、紛争を拡大するという政策を知っていながら、ミロシェヴィッチやカラジッチに繰り返し投票した人々はどうなのか。ムラディッチを戦犯に仕立て上げた有権者の責任はどうだ？　ムラディッチをハーグに引き渡した後、さっさと見切りをつけ、ＥＵ加盟へと喜び勇んで進むのは許されるのか？　はっきり言ってしまえば、一連の戦争にかかわった誰もが「過去の出来事に対し、何らかの集団的な政治責任があるのか」という重要な問いを終始抑圧しようとしているのである。

しかしながら、選挙でナショナリストの指導者に何度も何度も投票し、自滅的な内戦へと導いたセルビアの市民――ボスニア・ヘルツェゴヴィナやクロアチアの市民も同様――は、ムラディッチが戦犯となったからといって自分たちとは無関係だと考えるべきではない。おそらくムラディッチらを裁ける法的機関は一つもないだろう。この裁きには自責の念と歴史の審判だけが相応しい。これぞパラドックス――ラトコ・ムラディッチは、ここで人々が果たした役割を思い出させたのだ。ムラディッチを監獄に叩き込んで封印したつもりの、広範な人々の虐殺への関与を。

（二〇一一年）

「喉が渇いて死ぬなんて惨めだ」

ラトコ・ムラディッチ将軍率いるスルプスカ共和国軍がオランダ大隊から構成された国連兵による保護区域に侵入し、男女分け隔てては一方を射殺、他の者は強制移送するというスレブレニツァ大虐殺から二〇年が経過した。

二〇年という時は長いのか短いのか。一九九五年生まれの世代がすっかり大人になっているのだから長いような気もする。アメリカやドイツで戦争報道をつぶさに追っていた人たちも、この虐殺が二〇世紀のヨーロッパのど真ん中で行われ、スレブレニツァが早くも記憶から消えつつある事実に疑問を抱いているのであろう。新しい戦争、例えばシリアやリビアでの戦争が人々の関心を引いている。戦争には事欠かない。近隣の大部分の地域でも、ボスニア・ヘルツェゴヴィナの戦争を生き延びた人たち自身でさえ戦争を忘れようとしている。ヴァルラーム・シャラーモフも言うように、人は忘却の力を借りて生きているのだから。戦後世代にとって、スレブレニツァは何か恐ろしく残酷でありながら、遠い昔の、自分たちが生まれる前に起こった出来事の象徴でもあるのだ。

ところが毎年式典のたび、死者を悼むために集まった人々の記憶の鮮明さゆえか、かえって時間が経過していないかのようにも感じられる。まるで戦争が昨日の出来事のごとく、兵士たちに息子や父親、青年や老人など、多くは民間人を家から連れ去られたかのようだ……。スレブレニツァ周辺の集落では、八〇〇〇人以上の人々が死に追いやられた。ラトコ・ムラディッチはまだ有罪判決を受けていない。射殺された人々のリストは増え、発掘された骨は、今では姓名が刻まれ再埋葬されている。遺骨の確認を恐れて生きてきた女たちは、ついに自らの宿命を知ることになる。知ったほうがいいのか知らないほうがいいのか、自分でもわからない。こうして人々の中で戦争は果てなく続いていく。正義も欠如し真相も曖昧なまま和解などあり得ないのだから。

記憶だけではない。さらに深く、より痛みを伴うのは心の問題だ。人々の感情にはいわば決して癒えることのない、決して閉じることのない傷跡が残されている。スレブレニツァを追憶するとき、悲劇を体験していない私たちでさえ然りであるならば、記憶している人たちには時として生活を妨げるほどの苦痛をもたらすに相違ない。保護プログラムを受けている証人B－一四〇一の言葉を読み、私も苦汁を舐める思いをした。二〇〇三年、まだ存命のスロボダン・ミロシェヴィッチの裁判での出来事だったと記憶している。「水が欲しい、それから殺してほしいと懇願する人もいました。喉が渇いて死ぬなんて惨めです。僕の番が来て外に出ると、死体が並んでいるのが見えました。自分が今どこにいるかなんて母は知る由もないだろうな、と考えていました……。尋常ではない痛みに、自分も殺されたいと思いました。ふと、頭の近くにブーツが見えました。すると兵士が隣で唸っている男の頭を撃ち抜いたのです」と、銃殺隊の前に立たされたときほんの一七歳だった青年が陳述した。

しかし青年の証言には勇気づけられる思いだ。アウシュヴィッツからスレブレニツァに至るまで、加害者は被害者の記憶によって裁かれる日が来るなどとは思っていなかったのだから。生存者は何十年にもわたって語り、証言し、正義を求め続けてやまない。私たち一人一人が、スレブレニツァに関する記録に残っている少なくとも一名の顔を、目撃者や難民の言葉を、一人の犠牲者の名前を記憶に留めよう。これがスレブレニツァを記憶する唯一の方法なのかもしれない。「喉が渇いて死ぬなんて惨めだ」という言葉を絶対に忘れはしない。たとえ言葉少なくとも私の心に突き刺さって傷跡を残した限りは。

（二〇一五年）

額装された悪

私たちは皆、悪とは何かを理解していると思っている——悪がどのような様相をしているのかも。最近の出来事のみならず、現今に至るまでその例は歴史上枚挙に遑がない。だが今日の話題を説明するために、今一度、基本から見直してみるのも有益だと思う。人には善行も悪行も可能だという側面があるのは古くから認識されている。最古の宗教も悪といかに戦うかについて言及している。今日に至るまで、私たちはこの対局にある人間性を表す、よりふさわしい言葉を思いついていないというのは興味深い。

ここでロン・ハヴィヴの写真に注目してみよう。そこから見えるものは一体何なのだろうか。死体や瀕死の市民を蹴り飛ばす兵士。写真からは兵士の名札や所属軍を判別するのはまず難しいが、一九九二年四月二日にボスニア・ヘルツェゴヴィナのビイェリナで撮影されたと知られている。当時、この小さな町にはセルビア人の準軍事組織、アルカンの「虎」がボシュニャク人に対して殺戮の限りを尽くしていた——後に「民族浄化」として知られるようになった虐殺行為。殺戮は非常に効率よく遂行され、戦後この地に残ったボシュニャク人の人数はわずか一〇％に過ぎなかった。この写真を初めて見たのはどこだったか——外国の新聞に掲載された

©Ron Haviv: Blood and Honey: VII

のか、あるいは誰かに教えられたのか――忘れてしまったとは言え、私の記憶の底に写真だけはとどまった。二〇〇三年、出版社フェラル・トリビューンの編集者プレドラグ・ルチッチは、戦犯を取り上げた私の『彼らは虫も殺せない』の表紙への使用を提案してきた。私はこのような表紙の本に手を伸ばす読者はあまりいないだろうと承知しながらも、同意することにした。実際、後に翻訳された一五か国の出版社は、この写真を表紙に採用しなかった――それどころか私たちの表紙の選択に言葉を失っていたのである。ところが、『タイム』誌と国外の協力チームが「史上最も影響力を与えた写真一〇〇選」に選んだのは、まさにこの写真だったのである。

初めて写真を見たときの感覚はよく覚えている。一瞬呼吸を忘れたかのような空気の欠乏。胸に生まれた空虚感。それからアスファルトの上に血を流して横たわる二人の女性と一人の男性を見て生じた落胆。その女性たちが原因だったのかもしれない。兵士が今にも蹴ろうとしている、白い手編みのセーターを着た女性が、両手を頭の上で組んでいることに注目して欲しい。注意深く見なければその仕草に気づかないかもしれないし、死んだふりをしているか、顔を隠しているのだと――愚かにも――思ってしまうかもしれない。しかしよくよく注意して見てみると、隣の女性に降りかかった結末から身を守ろうとする絶望的な試みでしかないとわかる。足元に横たわる男性の頭は割れ、耳の上には傷口が開いているのが見える。地面は血で濡れている。

さて、写真の左側に少し目を向けてみよう。左側の状況は、右側の出来事とはほとんど関係がないように見える。軍服もどきに身を包んだ二人の兵士が、地面に横たわる死体のそばを通り過ぎている。前方を見つめ、仲間が何をしているのかにはまるで注意を払ってはいない。同じ写真の両サイドは別々の写真であってもおかしくはなく、兵士の一人が死体の足につまずきそうなほどの距離しかない。銃の構え方からして、兵士たちは殺すべき民間人をさらに探しているように見える。ハーグの旧ユーゴスラビア国際刑事裁判所（ICTY）によれば、検察はこの写真を証拠として使用し、その日だけで兵士たちは四八人から七八人のボシュニャク人市民を殺害したとされている。実際には二五〇人から一〇〇〇人もの人々をも殺害した疑いがあるという。

では、なぜこの兵士はすでに殺されてしまった人々に注意を払わねばならないのか。地面に倒れた女性をブーツ履きの右足で蹴ろうとする兵士に私たちの注意を引き戻す理由は、二人の兵士の無関心と、一人の兵士の焦点の間のアンバランスさにある。

兵士、いや彼のジェスチャーには様々な感情が滲み出ている。その感情を読み取るのは簡単だ。高校や大学の学生でさえ、この写真を見れば（ロン・ハヴィヴとローレン・ウォルシュ共同制作のドキュメンタリー『バイオグラフィ・オブ・フォト』[Biography of a Photo](1)のなかで、人々がその写真に何を見るかを探ろうとしている）、兵士の露骨な怒り、軽蔑、憎悪を見出す。だがここで見られるものはそれだけではない。

なぜなら――もう一度言うが、注意深く見なければならない――写真の真ん中あたりに、実は最も重要でこのシーン全体の鍵を握る極めて小さなディテールがあるのがわかるからだ。蹴

（1）公式ウェブサイトでトレイラーが見られる。〈https://biographyofaphoto.com〉（9 April 2024）

りつける兵士の手には、タバコの吸い殻が握られている。わずかにしか見えないが、まず間違いない。この吸い殻は、私たちにさらなる推測を誘う。タバコを吸いながら歩いている兵士が、おそらくは殺戮の手を休め（ノンストップで人を撃ち続けるのは容易ではない。時には休息も必要なのだ）、その時間を縫って地面に倒れている人を蹴ろうとしているのである。任務はもう終わっているのは明らかなのに、死体を蹴り飛ばしたいという衝動を抑えられなかったようだ。余分な手間、必要以上の暴力だと私たちにはわかる。なぜそんなことを？　兵士には、敵が死んだだけでは足りないからなのか？　いや、敵（もはや人ではない！）が死んだだけでは気が済まず、死んでからも屈辱を与えなければならないのだ。吠えられたり、噛まれたことに腹を立て、犬を蹴るように敵を蹴らねばならない。ただし、犬とでも思われない限り、普通人は蹴られたりしない。

だが写真で起きている出来事はまさにこの行為だった。兵士は死者を蹴り、その過剰な暴力行為によって人々を犬やゴミ、無と化している。また、兵士の本音を物語っているのは彼が手にしたタバコ。「暇な時間」に死者を辱め、冒瀆しようとしており、それが兵士の振る舞いをさらに残酷なものにしている。果たしてそれだけだろうか？　いや、違う。タバコの吸い殻はまた、死体に対する兵士個人の態度を露呈させているのだ。あの兵士は、自分が蹴りつけている死者をまるで知っているかのように振る舞っている。ある意味ではそうなのだろう。同じ言語を話し、同じ国に住み、地元の料理が好きで、習慣や生活様式をよく知っている。もしかしたら故郷では何人かのボシュニャク人と共に学校に通っていたのかもしれない。あるいは、そのうちの何人かとは友人だったのかもしれない。ある意味、お互いにとって無関心ではいられないほど身近な存在であるために、自分の感情もコントロールできない。この事実が兵士の怒りや暴力性をさらに高めているのである。

しかし、手編みのセーターを着た女性が死んだふりをしているとしたら？　兵士が、歩道の一般市民が自分を欺こうとしているかを確認しているだけだとしたら？　どのみち彼は確かめなければならないのだ。決められた手順で確認を行っているシーンを写したものだとしたら、残虐さは軽減されるのであろうか？

ロン・ハヴィヴの写真は戦争を、それもあらゆる戦争を写し出している。すべての要素がここに含まれている。しかし、これは内戦の写真でもあり、感情で殺し合うにはあまりに近すぎる人々の写真でもある。この兵士はきっと、他の二人と同じように死んだ民間人の前を通り過ぎることもできたであろう。だがそうはしなかった。その代わりに自分の怒りを、そしておそらくは——誰がわかるというのだろう——無意識の絶望さえも、死者への冒瀆というもう一つの大きなタブーを破る選択をしたのだ。スタンフォード監獄実験を計画したフィリップ・ジンバルドーによるところの、「集合的アイデンティティ」の行為としての悪の姿であるのは間違いない。あるいは、人間の本性の裏側、悪の潜在能力を写し出した写真である。

（二〇一七年）

聴衆へのパフォーマンス

テレビ放映されたスロボダン・プラリャクの自殺

ハーグにある旧ユーゴスラヴィア国際刑事裁判所（ＩＣＴＹ）の廷内では、過去二四年間に多くのドラマが繰り広げられてきた。しかし、テレビ中継される被告の自殺に匹敵するものはない。それは二〇一七年一一月二九日、一九九二年から一九九四年にかけてボスニアで犯した罪に対するボスニア系クロアチア人六人の裁判の最後の最後に起こった。判事のカーメル・アギウスがスロボダン・プラリャク元将軍に懲役二〇年を宣告する評決を読み終えたときのこと。貫禄ある大男プラリャクは立ち上がると、裁判官に向かって叫び小瓶から液体を飲み干したのだ。隣に座る二人の被告人が驚いて顔を上げ、裁判官が老眼鏡越しにプラリャクにちらりと目をやる姿が画面に映った。最初はプラリャクが着席する前、あるいは法廷から連れ出される前の、被告の典型的な怒りのパフォーマンスだと誰もが受け止めた——セルビアの戦犯ラトコ・ムラディッチのときすでに起きていたことだ。ところが、即座に法廷と傍聴人を隔てるガラスのパーテーションにカーテンがかけられ、法廷の審議は中断された。テレビ中継は突如打ち切られ、プラリャクは病院に搬送されたのである。その数時間後、プラリャクが瓶から毒を飲み、それが原因で死んだのだと判明したのだった。

残されたのは、非常に芝居がかってはいるが、プラリャクの自殺を記録した二枚の象徴的な画像である。一枚目は、白髪と顎鬚を蓄えた老人の顔。口は開かれ、力いっぱい叫び、声を聞かせようと力を尽くしている。顔は赤く歪み、目は怒りに燃えている。しかしその目を注意深く見てみると、そこには絶望の色が見える。その刹那、私たちはプラリャクの叫びは本人にとって極めて重要だと悟る。もし誰の耳にも届かなければパフォーマンスは水の泡、最悪の結果を迎えるのだ。私たちはことの顚末を知っているため、プラリャクの目に映る絶望は自殺の意図に起因しているとも知っている。プラリャクは自分の行為が英雄的であるとは確信しているものの、その表情からは絶望が垣間見られる。だがすでに毒を持つ手が挙がっている以上、もう考える時間はない。

次の画像ではプラリャクは毒を呷《あお》っている。手の動きは素早く決然としていて、目は閉じられている。言うべきことはもう何も残されていないし、為す術もない。プラリャクの役は終わり、文字通り舞台の幕が下りる。もし私たちがあの瞬間、彼が自ら命を絶っているのだという事実を知らなければこのシーンに無関心でいられるだろう。プラリャクのジェスチャーに特別な意味を与えているのは、その行為に意味づけをする私たちの意識でしかない。私たちはこれまでにもカメラに映る死を目にしてきた。しかし加害者の死の中でも、これほど念入りに準備され、生中継で演じられた自殺はなかった。「裁判官たちよ！　スロボダン・プラリャクは戦争犯罪者ではない。私はあなた方の判決を、軽蔑を持って拒否する！」と叫び、座った。そして「毒を呷ったただけだ」と自分の弁護士に伝えたのだった。

軍人になる前、プラリャクは舞台や映画の監督として活動していた。その彼の最後の舞台は自分自身によって演出され、単独で演じられたというわけである。プラリャクの叫び、つまり裁判所、国民、そして特に同胞のクロアチア人に向けた最後の言葉は、世間から最大限の注目を浴びるように計画実行されたのだ。世界に知られた新聞の一面を飾るのはすべての演劇人の究極の夢とも言える。だが、プラリャクの正体を知る者であれば、この行為が国外のメディアだけを狙ったわけではないことは一目瞭然だった。つまるところクロアチアでの政治利用を目的としたメッセージに他ならなかったのだ。三人称で自らを語る言葉がそれを証明している。自殺によりプラリャクは英雄となり、殉教者となった。一瞬にして自らを国家的記念碑へと変えたのである。

ＩＣＴＹの任務は、民族全体を犯罪者にしないために犯罪を個人化することだった。教養と知性を備えたプラリャクは、意図的にその原則を無化したのだ。加害者である自分自身を被害者へと変え、自分の犯罪を象徴的にクロアチア人という集団に移したのである。

プラリャクの最後のパフォーマンスに対し、クロアチアでは、落胆、怒り、涙といったドラマチックな反応が起こっていった。この一大スペクタクルは、アンドレイ・プレンコヴィチ首相が判決による不満を表明して始まる。プラリャクの自殺は「有罪判決を受けた六人に対する深く根深い道徳的不正義を物語っている」と主張したのだ。コリンダ・グラバル＝キタロヴィチ大統領が国民に向けた演説で、クロアチアはボスニア・ヘルツェゴヴィナの侵略者ではなく、ＩＣＴＹは政治的にそう裁定したに過ぎないのだと証明された、と毅然と宣言するまでにはそう時間はかからなかった。「誰一人、ＩＣＴＹでさえも私たちの歴史を紡げはしない」と述べている。翌日国会は亡くなった戦犯を悼み一分間の黙祷を捧げた。さらに政治家、カトリックの司祭、退役軍人、一般市民が一堂に会し、プラリャクが自ら命を絶ったのは道徳的な理由のみならず、無実の証明でもあると表明したのだった。こうした見方は今や公的な真実となっている。

大規模な自責の念を表明しただけでは足りぬと言わんばかりに、クロアチア退役軍人協会による公式追悼式典がザグレブのメイン・コンサートホールで開催された。当日は警察によって首都の交通が規制され、市民は無料の公共交通機関を利用するよう指示された。国際メディアはクロアチア政府の反応を当惑と嫌悪感をもって見守っていた。『ガーディアン』は、首相の声明は「ＥＵ政府首脳による、有罪判決を受けた戦犯を支持する初めての宣言」だと記事にした。『シュピーゲル』もクロアチアの反応について批判的に伝え、『ル・モンド』、『ラ・スタンパ』、『ユランズ・ポステン』、『アフトンブラーデット』、『デア・シュタンダード』などその他多くのメディアも同様の論調であった。クロアチアの国際的なイメージは今回の民族主義的な感情の噴出によって損なわれていった。先刻セルビアでラトコ・ムラディッチの判決が下されたときと似通った反応である。加害者を悼む群衆の喧騒のなかで、有罪判決を受けた六人による犠牲者の声がほとんど聞こえなかったのは言うまでもない。戦犯の公開自殺に対するこの奇妙で衝撃的な反応は、クロアチアがファシストの傀儡国家であった第二次世界大戦に端を発し、同国の過去に対する問題意識に根ざしている。一九九〇年に建国されたクロアチア共和国の初代大統領フラニョ・トゥジマンは、いわゆるクロアチア独立国（ＮＤＨ）は「単なる売国奴の組織ではなく、独立を望むクロアチア民族の願望の表れでもある」と述べている。現連立政権の最大政党であるクロアチア民主同盟（ＨＤＺ）の極右指導者の目には、新生クロアチアはＮＤＨの延長線上にあると映っていた。ＨＤＺによれば、自国を防衛する国は戦争犯罪を犯すはずはない。フラニョ・トゥジマンの演説、会話、思想――自伝や数多もの文書は周到に録音されている――は、プラリャクと他の五人の被告を訴追する際に大いに役立ったはずだった。しかし今日では、「クロアチア建国の父」としてのトゥジマンのイメージに泥を塗りかねないため、誰も聞く耳を持とうとしない。

ここ数年、ＨＤＺは急激に右傾化している。ＨＤＺの主要な政治家やカトリック教会は、公然と修正主義的な見解を表明している。悪名高い例の一つとして、第二次世界大戦時のヤセノヴァツ強制収容所跡地近辺でのファシストの敬礼を模した記念碑の設置が挙げられよう。タブー視されているトピックの中でも最大のものは、クロアチアによるボスニアでの侵略行為と、クロアチア領土内におけるセルビア人とクロアチア人の内戦である。クロアチア国営放送ＨＲＴは最近、「祖国戦争に関する宣言」と題する議会文書（法的効力はない）と題された二〇〇〇年の議会文書を尊重するようジャーナリストに指示した。トーク番組『日曜二時』（Nedjeljom u 2）の司会者アレクサンダル・スタンコヴィッチは、指示を怠ったとして叱責されている。この文書には、クロアチアは正当で合法的な防衛戦争を行ったと記されている。

政府は単に有罪判決に反応しているのではない。プラリャクは口実に使われたのだ。真の抗議はボスニアに対するクロアチアの侵略の罪状に対するもので、その目的はヘルツェゴヴィナの併合だった。クロアチアがアメリカからの圧力を受けて一九九四年にワシントン合意に調印し、セルビア人と対立するボスニア軍の同盟国となったという事実によって問題は複雑化している。判決はまた、ボスニアでクロアチア人が作った強制収容所を経験した何万人もの人々に対する補償の問題をも提起している。抗議行動もまた、補償問題に対する反応と見るべきだろう。おまけにクロアチアの二大政治家がかような発言をせざるを得なかったとすれば、それは私利私欲のためである。首相も大統領もＨＤＺ内部の最急進派によって政権の座に引き入れられ政権を保っている。もしその地位を維持したいのであれば、彼らはそれ相応の行動を取らなければならない。クロアチア政府は、もはや国外での自国のイメージを気にも留めていないようだ。ＥＵに加盟後の四年間で何か学んだとすれば、一度加盟してしまえばやりたい放題できるということだ――ハンガリーやポーランドのように。重要な大国がこのように振る舞えるのなら、そうではない小国クロアチアはなおさら許されるはず。しかしナショナリズムと修正主義の誇示は、結局のところ過剰だったのかもしれない。国際戦犯法廷の裁定を否定し、戦犯を英雄に仕立て上げるのは、混乱にある欧州連合にとってもやりすぎであったことを願うほかない。

（二〇一七年）

八四番の男の子

キメの粗いモノクロの古びた写真に、一歳、あるいは一歳にも満たない小さな子どもが写っている。男の子の表情は非常に緊張していて判別しづらい。黒い瞳はカメラではなく、胸の上できちんと組まれた両手へと向いている。笑顔はなく、唇はぎゅっと閉ざされている。不安気な表情は少し大人びている。諦めているようにも見えなくはない。膝の上には「八四」という数字が置かれている。玩具ではないのは明らかだ。個人番号のようなこの数字は一体何を意味するのだろう。施設や孤児院の名簿の写真なのだろうか――一見したところそう理解できるが。

いや、この写真は一九四二年にヤセノヴァッツ強制収容所から救出された一人の子どもを写したものである。八四番の貨車に乗せられた男の子（と判明している）には、すでに取り返しのつかない飢えとネグレクトの痕跡が見られる。だが、この子どもたちは一体何者だったのだろう？　彼らは第二次世界大戦中のユーゴスラヴィアで、民族を理由にウスタシャに両親を殺されたクロアチアの村に住むセルビア人の子どもたちである――多くはクロアチアの死の収容所やドイツの労働収容所に強制移送された。クロアチアは一九四一年から一九四五年、クロアチア独立国（ＮＤＨ）を宣言した。ＮＤＨはユダヤ人、セルビア人、ロマ、反ファシスト、共産主義者、つまり政敵に対して独自の死の収容所を持つ、ナチスの傀儡国家であった。ヤセノヴァッツだけで約八万人が亡くなったが、その中には子どもも多く含まれていたのである。

地獄のような村々に置き去りにされた何千、何万の子どもたち（そのほとんどが孤児）は、戦争が始まった当初は集められ複数の難民キャンプに収容されていたものの、一九四二年に強制収容所や絶滅収容所に強制移送されていった。国内の人道支援団体や個人の中には、クロアチア人家庭に養子として子どもたちを送り命を救おうとする者もいた。占領下のヨーロッパで、おそらく最大の人道主義者であったディアナ・ブディサヴリェヴィッチもその一人だった。オーストリアで生まれ、クロアチアのセルビア人医師と結婚している。まずディアナは、五つの難民キャンプに割り当てられた約二万四〇〇〇人のセルビア人女性や子どもたちの窮状に我が目を疑った。当時子どもたちが収容されているのを知りつつも、わざわざ収容所から救済しようとする人道支援団体は一つもなかったのだ。ディアナは薬や食料、衣料を集める活動を行っていたが、子どもたちが収容所に送られると知り、養子として迎えるようクロアチア人家庭に働きかけ始めたのである。またオーストリアの出身であることから、ドイツの高官やカトリック教会の高位聖職者と接触する機会にも恵まれていた。かくしてディアナ・ブディサヴリェヴィッチは、約七〇〇〇人の子どもたちの命を救っていったのである。四〇〇〇人の養子縁組を自ら斡旋または仲介し、さらに多くの子どもたちをリストアップし写真に収めて続けていた。子どもたちがいつか残された親族とつながることができるようにと願い、一つひとつの事例を丁寧に記録していったのだ。八四番の男の子の写真は、ヤセノヴァツ・メモリアルセンターの倉庫の打ち棄てられたアルバムの中から発見された。ウスタシャの収容所から救出され、ザグレブへ移送された子どもたち計五三七人の写真が収められた五冊のアルバムのうちの一冊だった。ディアナは各写真にメモを書き込んでおり、八四番の男の子の写真には「一九四二年九月五日死亡」と記してある。アルバムは、ディアナが保管していた膨大な保存記録に他ならない。

しかしながら一九四五年、新政権ユーゴスラヴィア共産党の社会政策省はこの保存記録の没収を命じ、その後失われてしまった。アルバム、メモ、書類、ノート……ディアナ・ブディサヴリェヴィッチの成果はすべて消えてしまったのである。ディアナの人道的な活動に関する証言は、改竄され、公式の歴史書に刻まれなかった。二〇〇三年に出版された孫娘の日記がなければ、ディアナはクロアチアでまったく周知されないままだったであろう。子どもの救済という役割を認めなかった理由は、至極単純。ディアナ・ブディサヴリェヴィッチが外国人であり、「敵」の市民階級に属していたからだ。加えて共産党の支援下にある組織のメンバーでもなかった。新政権は共産主義者を子どもたちの唯一の救世主として伝えようとしていた。従ってファシスト政権に対する市民の抵抗の証拠を軽んじ、消し去る必要があったのである。だがディアナ・ブディサヴリェヴィッチは独りではなかった。収容所から出た何千人ものセルビア人の子どもたちのために家を見つける手助けを行う一般市民のネットワークが一九四二年には存在していた。

二〇一九年、若手監督のダナ・ブディサヴリェヴィッチ（血縁関係はない）は、映画『ディアナ・ブディサヴリェヴィッチの日記』でディアナの人道活動に再解釈を加えた。映画では四人の救出された子どもたちが老齢となった現在、苦難、飢え、孤独、恐怖といった収容所での生活を回想している。そこで監督は一般の人が初めて目にする、子どもたちのオリジナルの記録映像を再構成し使用したのだった。坊主頭でボロ切れに身を包んだ幼い子どもたちが、わずかな食料を分け与えようとする人々に手を伸ばそうとする姿――あるいは病気で死に瀕し起き上がることすらできない子どもたち――は、遅きに失してはいるがディアナの奮闘に捧げる映画で最も痛ましいシーンであろう。子どもたちの味わった苦しみと無力さは、一九四二年に死んでしまったちっぽけで緊張気味の、八四番の番号が充てがわれた名もなき少年の写真に収められている。

（二〇二〇年）

ラトコ・ムラディッチは怪物か

起訴から四半世紀以上が経過し、一五年間にわたる潜伏の後、ついに元スルプスカ共和国将軍ラトコ・ムラディッチが旧ユーゴスラヴィア国際刑事裁判所（ＩＣＴＹ）から終身刑を言い渡された。ムラディッチはスレブレニツァでの大量虐殺を含む一一件の訴因のうち一〇件で有罪判決となっただけでなく、一九九二年から一九九五年にかけてボスニア・ヘルツェゴヴィナにおける強制移送、民族浄化、迫害やその指揮責任、加えて数多くの戦争犯罪への関与で有罪判決を受けたのである。裁判資料からは理由はわからないが、起訴状にはクロアチアでの犯罪は含まれていない。ムラディッチの弁護は他者を非難し、自分は大量虐殺とは無関係で、殺人の発案者は自分ではないと主張する内容であった。ボシュニャク人部隊の攻撃からセルビア人住民を守ったこの男は、弁護側からすると自分の仕事をしただけに過ぎない。すべては一九四五年のニュルンベルク裁判における、ナチス指導者らの裁判過程から周知されていた。ハンナ・アーレントは『アーレント政治思想集成』（*Essays in Understanding*）[1]で、戦犯の相反する感情を持つ現象について「占領軍が人を殺しても、アイヒマンは自分が殺人者だとは感じなかった。好きで殺人をしたのではなく、それが彼の任務だったからだ」と記している。ムラディッチの「国民を守った」という信念によって、この犯罪者の肖像を完成させようではないか。そこでムラディッチの人格と任務を簡潔にまとめてみよう。

正義であれ不義であれ、すべての戦争は破壊と死をもたらす。戦後、社会と個人が回復を遂げるためには辛く長い道のりが待っている。この回復がいかに困難で時間を要するのかを示す例が、ムラディッチのケースである。一方、今日ではムラディッチはもはや家族以外にはどうでもいい、別の時代の人物となったように思える。というのも、刑務所で死を待つ七八歳の男のことなど誰も気に留めていないからだ。だがムラディッチの命令で生まれた、何千人もの犠牲者の親族にとっては遅すぎる判決だった。残された者たちにとって、この判決にどれほど効果があるのかが問題である。判決後も支持者にとってムラディッチは犯罪者ではなく、英雄であり続ける。後に生まれた世代にとっては、犠牲者の子孫でもない限り、ムラディッチの名は大した意味は持たないであろう。だが忘却は不可能である。ムラディッチの犯した罪は、主にボスニア・ヘルツェゴヴィナの社会構造に消えない痕跡を残した。ムラディッチが人々を引き裂いたように、ボスニア社会は今日でも分断されたままなのだから。ムラディッチや、敵対者にいる同類の人物たちのせいで戦争はまだ終わってはおらず、政治家たちはナショナリズムを生み出し、必要なときに使えるよう手近に置き続けている。

ムラディッチの裁判は心の平衡を失いそうになるほど時間がかかる。だが、あくまでも一つ

---

(1) Hannah Arendt, *Essays in Understanding, 1930-1954*, New York: Harcourt, Brace&Co., 1994. なお邦訳は、ハンナ・アーレント『アーレント政治思想集成一――組織的な罪と普遍的な責任』ジェローム・コーン編、齋藤純一、山田正行、矢野久美子訳、みすず書房、二〇〇二年。

の象徴的なレベルではあるとはいえ、それでもやはり正義は達成可能であると証明している。国際司法裁判所、ＩＣＴＹが一九九三年に設立されたのは、自衛権の行使は戦争犯罪ではないという「原則」を守る限り、ユーゴスラヴィア内戦当事国が戦争犯罪人を裁きはしないためである。この期に及んでもセルビア人、クロアチア人、ボシュニャク人受刑者は等しく、各コミュニティで戦争の英雄として理解されている。法廷では相当数が起訴され、九〇人が有罪判決を受けた。裁判リストに名を連ねていたのはごく一部であるにしても。各国が独自に裁判を進めると想定されるも、どの程度実現したかはまた別の問題である。政治的な裁判だと非難されてもいる。だが、欠点がなかったわけではないとは言え、歴史的見地からも大事が成し遂げられたのは確かなのだ——何しろ戦争の真実に迫ったのだから。旧ユーゴスラヴィアにおける戦争のイメージは、何千もの証言の助けを借りながら一〇〇万ピースのパズルのごとくゆっくりと懸命に組み立てられ、真実を見極められる程度には集められたのである。

だが、ジェノサイドに対する唯一の案件であったムラディッチに対する裁きは、倫理的にも満足のいくものであっただろうか？　世論の反応から判断すると、一部は不十分だと考えているようである——娘アナの自殺が、ムラディッチのような犯罪者に対する唯一の正義であり、罰であると宣言する者さえいる。彼はサイコパス、怪物、人間ではない、と言う者までも……。こうした意見はメディアやＳＮＳのコメンテーターから称えられた軽蔑的な言葉の一部に過ぎない。判決に対する厳しい反応は、たとえ犯罪者が有罪になったとしても、過去や戦争犯罪との対峙は難しいのだと一度ならず証明している。ムラディッチは微塵も反省の色を見せなかったのだからなおのこと。例えばスレブレニツァ近郊での処刑に加わり、集団墓地の場所を最初に自白したドラジェン・エルデモヴィッチは、刑期が二〇年から一〇年に短縮されている。ムラディッチは、当法廷や別の法廷、および戦争の当事者となった数多くの職業軍人のことを悔い改めることはなかった。皆、ただ「命令に従った」だけなのだ。

しかしながら非難をめぐる倫理上の問題は、私たちのモラル、例えば自分たちがどれほど安易に、表面的に判断を下しているのかを丸裸にするため興味深い。その意味ではムラディッチの判決に対するあらゆる反応は、戦争がどう変化し、今日私たちが生きる現実のみならず、人としての自分自身にいかなる影響を及ぼしていのるかを示している。その最たる例が、ムラディッチの娘の自殺であろう。二〇年近く前、私は『彼らは虫も殺せない』で言及している。そこではムラディッチだけにまるまる一章を割き、人物像、戦時の司令官、スルプスカ共和国の将軍だけでなく、二人の子どもの父親としての特徴についてもライトを当てた。娘アナに、それから父娘の関係に興味があったのだ。私たちが知る情報から判断すると、二人の関係には溝ができていたとのことであった。どうやらムラディッチは典型的な権威主義者の父親で、子どもたちをほぼ兵士のように扱っていたようである。愛娘アナはもちろん自分の父親が戦時中司令官だとは知っていたが、当初はその事実を気にも留めていなかった。政治に興味がなかったのだ。学業を終えるまで優秀な医学生であったアナは、政治と父親が果たした役割に無関心であったために大きな代償を払ったのである。つまり、ボスニア・ヘルツェゴヴィナでの戦争、サラエヴォ包囲と砲撃、そして他の地域での民族浄化における父親の役割を、親しい仲間の誰かに伝えられた──そう確認されたかどうかはわからないが──という仮定が成り立つのである。当時はまだ、スレブレニツァでの大量虐殺は起こっていなかった。アナはひどく苦しみ、一九九四年三月に父親の愛用の銃で自殺した。その前夜、アナは父、兄ダルコ、母ボーサとボードゲーム「バトルシップ」を楽しんだ。外の人間関係も問題はなさそうで、何事も順調といった様子だったという……。

ムラディッチの娘は、父親が犯した罪のために自殺してしまった。本人には何の責任もなかったのに。子どもが父親の罪を負わされたり被ったりするべきはないのは周知のところだ。だがアナは父が犯罪者である、という恥辱には耐えられなかった。そしてその犯罪を糾弾するすべての人に代わって、父親に多大なるダメージを与えた。しかし証言によれば、娘の死はムラディッチを大きく揺さぶりはしたが、変化を伴わせるまでには至らなかったようである。それどころかむしろ残忍にしてしまった。

二〇〇三年にクロアチアのフェラル・トリビューン・ライブラリーから『彼らは虫も殺せない』という本を出版した際（編者プレドラグ・ルチッチ）、「神の懲罰」と題した一章に非難が殺到した。ハーグの裁決如何にかかわらず、ムラディッチはすでに人間が受けうる最も厳しい罰を受けており、父親として同情に値するという私のスタンスに対してである。私がムラディッチを擁護し、犯罪をある意味正当化していると解釈されたのだ。犯罪や犯罪者を理解しようという試みは、罪の正当化だとみなされるのはよくあること。私は、娘の死がムラディッチに対する唯一の相応の罰であるという設定によって、改めてこのことを思い知らされたのだった。

そもそも戦犯が娘の死を憐れむ資格があるだろうか？

この問いに対する答えは単純でも一義的でもない。正義の執行というよりはむしろ、無意識のうちに復讐の欲望を募らせ、人を危険な下り坂へと導いていく。すなわち、もし犯罪者が同情に値しないと言うのであれば、私たちは復讐を掻き立てる領域へと進み「目には目を、歯には歯を」といった血の争いの常套句を呼び覚ますことになる。私たち一人ひとりはこの危険性を理解しているし、日常生活でもこのような振る舞いはしない。それは法制度を放棄し、国家や国家機関の無力さだけでなく、犯罪者に対処する社会の無力さをも認めることを意味するからである。要するに、文明が成し遂げた偉業の敗北となるのだ。

この類の反応があるのは容易に理解できる。ムラディッチに限らず、犯罪者や殺人者全般に関わる論争では、「あの男は怪物だ」であるとか「人間ではない」という文章によく出くわす。私たちはまず、犯罪者の人間性を否定してかかる。この犯罪者を人間でないとする認識は、実を言えば社会と個人双方の防衛メカニズム。つまり犯罪者は自分たちとは違う、普通の人間には戦時下でさえそんな行動は無理だ、虫一匹すら殺せないというメッセージである。誰が戦争で砲撃を命じ、捕虜を収容し、女性をレイプし、村人を殺したのか。あの戦争で誰が何をしたかは自分自身の記憶と知識に頼れるにもかかわらず。第二次大戦について数多の著作のなかでも最も重要なのは、歴史家クリストファー・ブラウニングが一九九二年に出版した『普通の人びと：ホロコーストと第一〇一警察予備大隊』[2]であろう。特に反ユダヤ主義者でもナチスでもない様々な職業に就く中年男性約五〇〇名で編成された志願兵大隊が、一九四二年に占領下のポーランドに送られ、ユダヤ人の大量処刑に参加した。その結論に至る前に止める機会があっ

（2）Christopher R. Browning, *Ordinary Men: Reserve Police Battalion 101 and the Final Solution in Poland*, New York: Aaron Asher Books, HarperCollins, 1992. なお邦訳は、クリストファー・R・ブラウニング『増補 普通の人びと：ホロコーストと第一〇一警察予備大隊』谷喬夫訳、ちくま学芸文庫、二〇一九年。

たにもかかわらず、実現したのはたった一二件のみだった！

つまり、犯罪者も普通の人間なのだ。誰もが犯罪者になる可能性を秘めている。そのほとんどが周囲の事情によるもの、あるいはより響きのいい言葉を使うなら状況次第なのである——この事実は耐え難く、受け入れるのは難しい。私たちは総じて犯罪者を非人間的に扱うやり方を知っていて、どのような手段であれ、誰もが犯罪者になる可能性を内に秘めているのだという思考から身を守っている。共感は生まれながらにして与えられるものではなく、学習して身につけるというのは忘れてはならない。例えば、動物を虐待した子どもは、後にいじめっ子になりがちであると判明している。共感能力の欠如は、あらゆる犯罪者の共通点だ。

もしムラディッチが人間ではなく怪物であるならば、私たちの同情は必要ない。だが彼が私たちの一人にすぎず、煎じ詰めると普通の人間であるとすれば？　この場合、理解や高潔さ（もうほとんど使われなくなった古い言葉！）を示す行為は、犯罪を許すという意味ではない。自分自身の幸福のため不可欠な慈悲の心を育むという行為のことだ。ムラディッチのケースは、私たちが自分自身にとって重要な惻隠の情と向き合う一例に過ぎない。この能力こそが、私たちの成熟度、言うなれば高潔さを測る指標である——共同体として、そして個人として。

ではふさわしい罰とは？　自惚れが強く、傲慢で野心家の男にとって、忘れ去られることが最も恐ろしい罰なのかもしれない。だが幸いなことに人々の記憶から消えはしないはずだ。ムラディッチは、ボスニア・ヘルツェゴヴィナとクロアチアでの数々の戦争の、最も非道な戦争犯罪者の一人として歴史に名を残すであろう。犠牲者の記憶のなかにも永遠に残るだろうし、過去の事実は変えようもない。しかし傷ついたコミュニティの散り散りに引き裂かれた織物は、私たちが本当に望み、なおかつ政治的な意志もあるならば修復され、元通りになるだろう。回復は引き裂いた者たちへの最も重い罰となるはずだ。父親を確と恥じた、娘アナの死へ寄せる同情のように。

（二〇二一年）

森の沈黙

夜は寒かった。森へ続く細道を登っていく車の座席に、震える幼い少女が押し込められていた。隣に座る男からはタバコとブランデー、それからよくわからない匂いがした。聞こえてくるのは車の音と、時折響く金属音のみ。若い男たちは口数も少なく、たまに悪態をつくだけ。林道の暗闇の中でタバコの火が小さな蛍のように赤く光っていた。雪が降り出した。

ピンク色のパジャマに薄手のジャケットを羽織った少女は、うとうとと眠っているようだった。左肩に頭をもたげ、明るい色の長い髪が顔にかかっている。瞳は閉じられている。少女が目を開けまいと必死に努力しているのは、注意深く観察している人にしかわかりはしない。あるいは握りしめた小さなこぶしを見ればわかりそうだ。後部座席には三人が乗っていたが、男の反対には母親がいて、わずかながら少女の慰めとなっていた。二人を一緒に連れていくようだった。一体どこへ行くのかはわからないけれど。

その数時間前、少女はベッドで眠っていた。翌日の苦手な算数のテストを心配しながら眠りに落ちた。物音で目が覚めた。リビングルームにいる男たちの声だった。少女は起き上がり、下階へ降りて行った。テレビがついていて、セーターにくるまった母親が立っていた。今夜の訪問に驚いているのは一目瞭然。こわばった顔には恐怖の輪郭が浮かんでいた。迷彩柄の制服を着た数人の男が引き出しを掻き回し、キャビネットをあさり、布団を放り投げて何かを探している。これ以上何が欲しいっていうんだ、カネだって金だって渡しただろう、と父親が叫んだ。少女は、武装した男たちに向かって発せられる父親の怒鳴り声に驚いた。どうやら寝ていたところをベッドから引きずり出されたらしい。パジャマの上にバスローブを羽織っただけの姿だ。激怒する父に、男たちは侮辱を与え嘲笑った。男たちがトラックへ向かうと、父親は乱れた着衣にスリッパ履きのまま追いかけていった。パパ、ダメよ戻ってきて、と少女は叫ぼうとしたがか細い声しか出なかった。母親は黙って少女を抱きしめ、おしまいよ、と言った。ところが次の瞬間、気が変わったかと言わんばかりに二人の男が部屋に戻ってきた。一緒に来い、と言う。母親は動き出し、それから髭の男の話を遮って尋ねる。でも、この子もだなんてどうして、と口籠もる。少し話をしたら二人とも返してやるさ。男の一人が母親をドアの方へ押しやり、もう一方が小さな少女の肩をつかみ「早く行くぞ!」と怒鳴った。母親は少女に上着を持ってきなさいと叫び、少女は通りすがりにハンガーにかかる上着を掴み取る。家の前には車が二台待機していた。

男の手が触れると、少女の中で何かが作動した。まるでロボットのようなオートモーションスイッチが入ったみたいだった。少女をその場に縛り付けていた恐怖はもうすっかり消え失せており、単純な動作はもはや今までのものとは違っていた。少女自身、もう同一人物ではなく、未知の隠れた装置で動かされる操り人形と化していた。泣きもせず、車に押し込まれている間も目は乾いたままで、何も考えられないでいた。地面に突っ伏した父親の側を通り過ぎた。母親は悲鳴を上げ男たちを振り解き跪いたが、幼い少女は一瞬立ち止まったかと思うと自分には無関係だと言わんばかりに、ガラスのような瞳でその光景を見つめていた。

　車のシートに身を縮めると寒かったが、それも普段とは違う寒さだった。冬のせいではない。内なる熱で震えているのだ。少女と母親はぎゅうぎゅう詰めの車に乗せられた。隣の車には三人の男たちが乗っていた。どこに連れて行かれるの、と母親に尋ねてみるが、ただ静かに泣きながら父親の名前を繰り返すのみ。少女の声が届いたかなんて誰にもわからない。静かにしろ、と運転手が叫んだ。取り繕う必要もなかった。もう何もかもが自分の身に起こっているとは思えなかったのだから。少女に残されたのは想像することだけ。胃の痙攣も、嘔吐もなくなっていた。すっかり人通りの絶えた街を走る間、もしかしたら母親は刑務所に連れていかれるのかもしれないと少女は考えていた。家の中で何人かが、この汚いセルビア人、裏切り者などと父親に叫んでいたため、今度は母親が尋問される番だと思ったのだ。だが少女はどうなるのだろう。子どもの刑務所はあるのだろうか。それとも父親について尋問されるのだろうか。一体彼女に何が話せるというのだろう。新学期が始まったとき、級友たちがクラスの数人のセルビア人に居場所なんてないと話しているのを耳にしたのを思い出す。ミリヤナ、ヴラード、そして少女のことを念頭に置いていたのだろう。他の子の名前は覚えてはいない。少女が三人の名前を覚えているのは、ある朝教室の黒板に書かれていたから。短いリストで、その上にはSrbe《スルベ》 na《ナ》 vrbe《ヴルベ》(1)と、二つの点と二人の名前が書かれていた。生徒が来る前にすぐに消されはしたが。あるときは少女の椅子にSと書かれていた。そんなくだらない冗談で両親を心配させたくなかったため、言わないでおいた。父親はここ数日、とにかく暗い顔をして不安気にしていたのだ。

街を出て上り坂を走り始めると、スリェメへ向かっているのだと少女にはわかった。行先を考えるのをやめた。この寒さの中、真夜中に森を走り、しかも武装した男たちも一緒だなんて理解の範疇を超えている——あまりにも非現実的ではないだろうか。パニックはすでに消え去り、麻痺へと変わっていた。隣家の兄妹はどうしたのか、誰が二人に朝食を食べさせてあげるのか、それからドアが開いたときに猫は外に抜け出したはず、と少女は思いつくままに考えていた。でも今後猫はどうやって家の中に入ればいいの？

車での移動は長くは続かず、真っ暗闇のなか、灯りのないどこかの民家の前で止まった。ここが刑務所なの？　二人はしばらくの間一緒に立っていたが、男が少女を掴むと緊張した母親が咄嗟に、私の子に触らないで！　と大声で叫んだ。少女は振り返って母親を抱きしめたかったが、すでに二人の男に引き離されていた。森の中。家の中ではない。雪はさらに激しく降っていた。男二人と少女は歩いた。夜の物音も、動物の鳴き声も、フクロウの羽音も聞こえず、ただ自分の心臓の音と、ブーツで踏みしめる木の葉の乾いた音が聞こえるだけ。道も見えず、女の子はつまづく。男たちは行く先を知っているようだ。数分後二人は立ち止まり、口論を始めた。一人は「粛清する」という変わった言葉を使いながら、やらなければならないのだと言う。もう一方は、どうしてもやらなきゃいけないのか、あの子はまだ子どもだぞ、と返している。司令官であろう三人目の男は、その子は証人だ、母親と同じだ、と伝え目隠しするよ

（1）　セルビア人を柳に吊るせ、の意。紛争時、クロアチアの反セルビア人のスローガンとして使用された。

う命じた。真夜中の森で語られた母親、証人、そして先程の粛清という言葉が、こだまのように少女の元へ届いた。木々に反響し、何度も何度も少女の元へ戻ってきた。

一番若い男が父親を踏み越え歩道の血だまりに入ったとき、もっと早く二人に何が起こるか予想できたはずだった。あるいは、母親の顔が苦痛で歪んでいるのを見たときだってそうだ。男たちはタバコに火をつけた。小さな赤いホタルが、生き物のように光っていた。少女はだまって立っていた。他にどうすればいいのかわからなかったのだ。目隠しの布からはガソリンの匂いがする。その静寂を破ったのは、どこか近くで起こった短い爆発音。突然、少女は肩が震えるほど泣いていて、大きな嗚咽が怯える鳥のように喉から出てくるのがわかった。最後に聞いたのは、さあ、もう一度だ終わらせろ、という言葉と、梢から聞こえる風の音。銃声はしなかった。聞く間もないほど至近距離だったのだ。

やがて母親と幼い少女は、うっすら雪の積もった、落ち葉とゴミに覆われた浅い穴の中に並べられていた。この森にどれだけのゴミがあるか知っている奴はいるか、と男の一人が言った。もう一人が笑いながら相槌を打った。二人が立ち去ると深い沈黙が訪れた。森は完全に麻痺に陥ってしまったかのようだった。


（二〇二一年）

戦争は怪物である

二〇二二年二月二三日、水曜日、午前九時

朝から晴れていて、柔らかな光が書斎へと差し込み満たされている。こんな日は、早めの春が来たようだ。リブニャク公園では、もうクリスマスローズが咲き始めている。私はコーヒーを片手にパソコンのメールを開く。

リヴィウの親友、オクサーナからのメッセージを興奮気味に読む。

「最近は食料や水、電池を備蓄し、サバイバル・マニュアルを読み、避難計画を立てておくよう言われているのよ……。でも、近頃はそんな気分にもなれないし、体調も優れなくて。正直、独身で子どももいなかった八年前と同じようになりたいと思う自分がいる。あの頃は怖がらずにいられたけれど。今ではそうはゆかないの。両親とリヴィウにいるわ。正直に言って、キーウを離れるのはとても辛かった。子どもがいなければ考えもしなかったでしょう。キーウでの生活はごく普通で、人々はカフェやレストランにも出かけるし、子どもたちも学校に通っているわ。もちろん、皆何が起きているのかを知っていて、応急処置の講習を受けたり、街を守る準備をしたりする人も多くいるの（こうした講習はたくさんあるのよ）。来週にはキーウへ戻れたらいいのだけれど、街を離れたのが恥ずかしくて……。でも状況は二〇一四年よりも良くなっている。ウクライナが今日ほど多くの支持を得たことはないわ。私自身、プーチンは落ち目になったように感じているけれど、ただひとつ言えるのは、彼の最後の動きが非常に危険なものになるかもしれないということ……。そのうち一緒にコーヒーでも飲みながら、こんな恐怖なんて笑い飛ばしましょうね！」

だが、ロシア軍がクリミアを占領した二〇一四年というものは、先日までほとんど忘れ去られていた。二〇〇四〜〇五年の「オレンジ革命」の支持者であるウクライナ人が、ヨーロッパの運命はウクライナ情勢の解決にかかっているのだと、親露派と親欧派のどちらが選挙で勝利するかにかかっているのだと言ったとき、ヨーロッパの多くの人々は大袈裟だと考えた。クリミア占領後も、ヨーロッパとは何の関係もないように思われていた。プーチンがクリミアを併合した二〇一四年の状況とは異なり、現在のウクライナへの支持は確かに大きいが、大して具体的でもない。どの国もキーウ防衛のために自国の軍隊を送る気はないようだ。しかしながら、ウクライナで起こり得る戦争が、ヨーロッパ地域の安全保障に再び疑問を投げかけるのは明らかである。夜、人はロシアが攻めてきたらどうしようと思いながらベッドに入り、それから自身の考えを否定する。そうしないとまったく眠れないのだ。オクサーナもそう思いながら、三歳の娘を抱きしめて眠りにつくのだろう。

二〇二二年二月二四日、木曜日、午前九時

今日もうららかな春の一日の幕開け！　早朝はまだ寒く、バルコニーの温度計は摂氏五度を示しているけれど、今日は一六度まで上がるそうだ。ラジオをつけると第三放送でクラシック音楽が流れている。静寂な朝。コーヒーを淹れ、それから昨晩の洗い物を済ませる。グラスをひとつひとつ光に当て、きれいになっているか確認する。再びコーヒーを飲みながらパソコンを開き、最初にニュースを読む。ロシアがウクライナに侵攻！　という赤い見出しが目に飛び込んでくる。

間もなくして反応が起き、嫌悪感、非難の感情、恐怖心に襲われる。昨日のオクサーナのメッセージは突然その翌日から、二四時間も経たないうちにすでに遠い過去となっていた。あまつさえ、そのうちコーヒーを飲み笑おうというオクサーナの願いはまったく無意味になってしまった。ロシアによる侵略行為によって奪われたのだ。オクサーナはキーウには戻れない。プーチンが彼女の人生を変えてしまったのだ。今日のオクサーナの朝を想像してみる。ささやかな朝のルーティンはどう変化してしまうのだろう。この日、この美しい朝から、オクサーナと何百万もの人々が不安と恐怖のなかで生きていくことになるのだから。前と同じような一日はやってこないだろう。私たちもそうだった。グラスの汚れをチェックするという私のささやかで当たり前の仕草が、彼らにとっては手の届かない贅沢なものに感じられる。

この気持ちを私は心底理解できる。市街地での戦争と市外での戦争は同じではない。街では戦争はほとんど人目につかない。店が開き、路面電車が走り、人々が日常の雑事をこなしている間は平静を装い、自分をごまかすのは簡単だ。

街を歩き、市場で野菜やオレンジを買い、銀行で順番を待つ。しかし突然、一日はそれほど美しいものではなくなってしまった。ニュースに戻る。一九九一年にあった戦争の後、どのような方向に進むのかまったく不透明な争いが再びヨーロッパで始まったこの日、これ以上のニュースはない。『ニューヨーク・タイムズ』の社説によれば、信じがたい出来事が起こってしまったとのことだ。ある風刺画には、雪に覆われた荒野を歩くプーチンが描かれている。頭上には、二機のヘリコプターが迫り、巨大で邪悪な鳥のように見える。戦争の鳥。

二〇二二年二月二五日、金曜日、午前九時

今朝、コーヒーを飲む前にメッセージを確認して動揺する。オクサーナが昨夜遅くにメッセージを書いて来ていたのだ。

「リヴィウは安全よ。ATMや薬局、いくつかの店の前に長蛇の列ができているだけで、街はほぼいつも通り。今朝は近所にある小さなスーパーの棚が空っぽになっていたわ。でも、街の中心部は違う。キーウはもっと悲惨よ。夫の両親は今朝キーウを出発したのだけれど、道中一晩過ごす必要があったわ。普通だったら六時間の旅なのに……。想像してみて、私は日記を持ってきたのよ。今の状況で荷造りをするのは、必要なものだけでなく、壊されたり永遠に失われたりしたくないものも選択するという意味があるのだとわかっているから。でも、こんなに恐ろしい状況下においてさえ不思議な安堵感を覚えるのは、今、皆と重荷を分かち合っているからかもしれないわ。キーウが恋しくて、戻った後の計画を立てようとしています。それも長くは続かないけれど」

　昨日からウクライナ戦争のニュースが、オクサーナだけでなく、私たちの日常生活となった。今のところニュースだけだけれど。ヨーロッパ諸国が旧ユーゴスラヴィアの戦争をネグレクトしたように、この戦争を放置するにはウクライナはあまりに近く、ロシアはあまりにも大きな国である。

　水曜日の、戦争が始まる前（私にはずいぶん昔のことのように思える！）のメールでオクサーナは、『バルカン・エクスプレス』の頃に再び戻っていると書いている。私がまさに三〇年前に書いた文章を、オクサーナが今経験していると思うと胸が痛む。


「まずはじめは戸惑いを覚える。戦争は怪物のよう。七つの山の向こうに住むリヴァイアサンみたいだ。皆、どちらかといえばその生き物が自分の日常と関係があるとは信じようともしないし、怪物の顎が迫ってくるのを感じながらも、すべては今まで通り、自分の人生には何の影響もないのだと自分自身に言い聞かせようとする。

　戦争が続くと、人はもう一つのパラレルの現実世界を作り出す。一方では、戦争を無視すべてが順調であるように装い、かつての日常生活にひどく神経質に執着する。だが同時に、自分自身や自らの人生における重大な変化、価値観や感情、反応、通常の行動が変わってしまったことを否定できない（靴を買おうかしら？　でも、意味があることなの？　恋をしてもいいのかしら?）戦争は、考えていた人生のすべて、これまで自分にとって大切だったもののすべてを完全に変えてしまう。些細な物事でさえ、もはや同じ重みや意味を持たない。そして、自分が戦時下にあるのだと痛感する……。

戦争では、外の世界にひどく敏感になる。ヨーロッパがこの戦争をどう受け止めているのかを知り、驚きが怒りへと変わり、そして諦めとなる……。自分たちがヨーロッパの習慣やその共同体の一員であるという神話は消えてしまった。たとえそれが貧しい仲間といった役割であったとしても……。私たちはいつまで続くかわからない戦争に首元まで浸かり、血でぬかるんだ地面に孤独に佇んでいる」

無力感は、寒さと同じように私の骨の髄まで浸透していく。何か慰めになるような内容を書こうとはするけれど、言葉に裏切られる。読んでいて一番辛いのは、オクサーナの「それも長くは続かないけれど」という一文。私自身も幾度となく同じことを思ったが、戦争は延々と続く。街角の騒音、路面電車の音、クラクションの音、庭で遊ぶ子どもたちの声――今となっては、すべてが平和な日常生活に存在する、素晴らしい音のように思える。

（二〇二二年）

恐怖のスーツケース

躊躇うのはもうおしまい。あなたは明日出発するのよ。昨日の朝早く近所の家が爆撃を受けたし、まだ煙も立ち上っているじゃない。窓を開けた途端、嗅いだこともない不快な悪臭が押し寄せてくるでしょう。電気も通っていない暗いリビングに座って、床に置かれたスーツケースをもうずっと眺めている。あなたたちウクライナ人はそれをtryvozhna valizka《トゥリヴォジナ・ヴァリスカ》と呼ぶわね。パニックのスーツケース、苦悩のスーツケース――いわば恐怖のスーツケース。あなたは少し戸惑いながらも、暖かなセーターをそこに詰め込む。お隣さんが必要になるかもしれないと教えてくれたものをたくさん。でもすぐに取り出してお気に入りのワンピースと入れ替える。それから、難民に上品なワンピースが必要なわけないじゃないと思い、詰めたものを投げ捨ててしまう。一体何を持っていけばいいというのかしら。皆あれを持っていきなさい、これを忘れないようにしなさい、と矢庭に避難のエキスパートになる。でも本や防寒着、食料や薬といったすべての必需品を持っていけたとして、そんな重い荷物をどうやって運ぶというのかしら。

丈夫な運動靴を履いてお行き。これからは歩き通しになるよ。ほら、その旅行鞄はここに置いてお行き。その中にはおまえを戦争から守ってくれるものは何もないじゃないの。大好きなおばあちゃんならそう言うでしょう。おばあちゃんが今もあなたの側にいてくれたなら。でも、おばあちゃんの骨はまだ攻撃を受けていない墓地にあるもの。今ロシア兵は生きているウクライナ人だけを標的にしているけれど、死者にもすぐに順番が回ってくるはず。死者は生きている者の記憶の中に宿っているのだから、死者もまた葬りさられなければならないというわけね。老人、幼児やその母親を殺せる人間がどんな人物かなんて、あれこれ考えて思い悩んではいけないよ。人は人を殺すもの、互いに殺し合っているのさ。今はロシア人に殺されているけれど、私らだってそのうちロシア人を殺すだろうさ。おばあちゃんを信じてごらん。あなたはおばあちゃんが人間の本質を、悪の一面を経験したのは知っているでしょう。でも死者には黙れとは命令できないのはわかるわね。あなたに死者を覚えておくよう求めているのよ。もしあなたがおばあちゃんに「今は昔と比べている場合じゃないわ、私たちは自分たちを守っているだけよ」と怒り混じりに言い返してごらんなさい。私は全部見てきたのさ、極限で人が何をしてしまうのかもね。おばあちゃんはただ手を振って否定するでしょう。

「でもロシア兵は猫だって殺すのよ」とあなたはロシア兵の悪行を裏付けするように言うわ。怪我をした愛猫のルナをドアの外で見つけて、死にゆくあの子を抱いていたものね。なぜ猫を殺すのかしら。動物は敵ではないのに。水を汲みに行ったとき、死んだ牧羊犬を見かけたでしょう。あなたがルナを愛したように、誰かがその犬を愛していたのよ。だからここに長く留まりすぎたのよね、ルナと別れるのに耐えられなかったのだから。花壇に小さな墓穴を掘りはじめてようやく、あなたはすべてを水に流してしまいたいと思うようになった。おかしな話だけれど、一本の蝋燭の薄暗がりの中で考えてみれば、結局兵士の動物への冷酷さに一番怯えていたなんて本当に不思議だったわね。

もし、子どもの頃おばあちゃんがしていてくれたように、今あなたを助けてくれたなら。おでこにキスをしようと身をかがめるおばあちゃんの顔が見えそうでしょう。温かい手、その存在を感じそうよね。悲しむんじゃないよ、「旅行鞄」をしっかりお持ち。でもね、クリミアで休暇を過ごすときに使っていた、床に置いてある鞄じゃないよ。新しい鞄を開けるのさ。心の中にある想像と記憶のための、春の香りやある感覚を呼び起こすためのものだよ。おまえの好きなもの、自分らしさのすべてが収まるように、もっと「大きな」鞄が必要だね。その見えない荷物こそが、おまえの非常袋になるんだ。さあ、愛しいおまえ、出発の前に蝋燭を持ち周囲をじっくり眺めるときが来たよ――おばあちゃんはそう言いながら、きちんと洗われた食器が並び清潔なテーブルクロスのかけられたキッチンへあなたを連れて行ってくれるでしょう。帰ってきたときのために、片付けておいたのかい？　習慣でやっただけよ、と説明すればおばあちゃんはわかってくれるでしょう。そうね、おばあちゃんがあなたに片付けの仕方を教えてくれたのだったわね。リビングルームで「彼女」は他の人が見過ごすような何かに気づくはず。写真の不在。おばあちゃんや母親、それから家族全員を写した写真が消えている。以前は棚の上、時計の下に誇らしげに飾られていたのに。道中、皆と一緒にいられるようにフレームから取り出したのね。弱々しい声で謝るかのように、戻ってくるまで写真は安全な場所に隠しておいたの、とあなたは言う。そうさ、難民は皆、離れるのは一時的だって考えているのさ。でもね、そうでもしなきゃ、難民はどうやって別れを乗り越えられるっていうんだい？

砲撃が近づいても、アパートの他の住人が立ち去ってしまっても、まるで戦争が自分とは無関係とでも思っているかのようにあなたは出て行こうとはしなかったわね。大型の薄型テレビから新しい高価なカーペットまで、ここにあるものすべてのために家族皆で懸命に働き、稼いできた場所から離れるなんてできっこないもの。誕生日にもらった素敵なプレゼント、受け継いだ古いティーカップ、大事にしていたお気に入りのコート、あなたを幸せにしてくれた細々としたものたち。自分の命を守るために家を出るだなんて。だって、その家を家たらしめているものすべてを失った人生って一体何でしょう。ベッドの枕や読書灯、開かれるのを待っている手付かずの新刊本に触れていると、おばあちゃんに心を読まれているような気がしてくるでしょう。その瞬間を失わないように、大切に持って行くんだよ。初めて自転車に乗ったとき、落ちて膝を痛めながらも頑なに挑戦し続けたのを覚えているかい？　それに、卒業パーティのために新しい靴を買ったことはどうだい？

他にも忘れたくても忘れられない瞬間があるわね。あなたが初めて死体を見たときがそう。あれは昨日の出来事よ、と驚きを隠せないでいる。いつもの通りに入ると、五番地の歩道に人が倒れていた。通り過ぎなければならなかったから近づいた。一分でも遅れたら絶対に学校には入れてくれなかった用務員のおじいさんがそこに倒れていた。パジャマ姿で歩道に横たわり、眠っているようだった。でも、春の寒い日に歩道で寝る人なんているのかしら。あなたが立っている場所からでも、おじいさんの開かれた目と頭部に広がる黒い血だまりが見えたはず。突然、罠にはまったかと感じたでしょう。あなたは立ち止まって、返事なんて期待せず叫んだ。なぜ？　どうして？　でも、答えは聞き覚えのある声で返ってきた。もう子どもじゃないんだよ、それ以上はおやめ。理由も聞かないでおくれ。

人生は何もしてくれはしない。人生は出来事が積み重なってできた記憶なの。大切なものを失なわずにいる唯一の方法。自分の心の中にある「恐怖のスーツケース」が、床の上のスーツケースよりもずっと大切な理由がやっとわかったでしょう。あなたが無駄に引きずったり、引っ張ったり回したりしている――もう置き去りにしたい、深く透明な水の底に放り込みたいと思うほど疲れ果てるまで――抱きしめて離そうとしないスーツケースではないわ。もう一つの「スーツケース」はいつまでもあなたのそばに残り、戦争が終われば家でもどこへでも持ち帰ることができるの。そうなるのよ。どんな戦争だって終わりは来る。こっちの「スーツケース」はまったく違う意味で重いの。恐怖、過去のイメージ、大切な一時の思い出に加え、空襲を知らせるサイレンの音、シェルターという言葉、地下室の湿った悪臭、鮮血の匂いなど戦争が始まってからあなたが学んだすべての出来事が含まれているわ。それに、これから学ばなければならない物事も入っているの。あなたの家はもう自分のものではないとわかるときが来る。誰かに奪われるかもしれないのだから。人生すら自分のものではないと悟るはず。畏怖を学び、恐怖に駆られるのも悪くはないと知るのよ。どちら側につくのか決めることを学び、時には選ばなかった側に押しやられもするでしょう。もしかしたら憎しみ方も学ばなければならないかもしれない。「憎悪」というものは、そのような状況下では簡単に身につくものなの。生き延びるための最悪の知恵。「生き延びる」という言葉とその意味を正確に学ぶはず。どこでだって生き延びるのは可能で、あなたも長い列をなして国境に向かって歩けば今の話もわかるようになるわ。この言葉はかつて知らなかった多くの単語とともに、あなたの「スーツケース」の中で主役となるでしょう。「安全な場所」というのも特別な意味を持つ言葉になるわ。つい昨日まであなたは自分が心地よいと感じる場所はすべて安全だと信じていたわよね。それから「幸せな子」という言葉の意味も変わるはず。冷たい雨が降りしきるなか、タープの下で森の湿った地面に座っていると、ふと自分はなんて幸運なのだと気づくでしょう。

戦時下で、あなたはたくさんの新しい言葉に出会う事態を迎えるわ。この生まれたての言葉を大切に集めて「スーツケース」にしまってね。スーツケースは時が経つほど大事になるでしょう。

何度言ったらわかるんだろうね。リュックに家の写真を入れておいたのはいい考えだったわね。それでもまたなぜかと聞くのかい?　戦争では愚かな質問は許されないのだって、まだわからないのかね。おまえは今、宿無し、難民なんだよ。そうさ、私にはわかるよ。おまえは認めはしないがね。何かを証明するかのように、ポケットのなかで、アパートの鍵をいじっているのだもの。おまえはたぶん知らないだろうけど、私は古い新聞の写真を覚えているよ。ボスニアでの戦争が終わった何年か後、毎週土曜日になると、ベルリンのヴィッテンベルク広場の近くで同じ光景が見られたものさ。女性、それも多くの女性たちが自分の家の写真を持ってね、無言で立ち尽くしているんだよ。他人に奪われるまで持っていた、かつての自分の家。あるいは砲撃され、火を放たれるまでのね。自分たちもかつては皆と同じような生活を送っていたと物語る唯一の証拠として、写真を保管していたのさ。私が言いたいのはこのことなんだよ。そうした写真がひょっとしたら彼女たちも普通の人々なのだという証明になるかもしれないという考えに、私も衝撃を受けたものさ。家の鍵ではなく、そんな写真が身上書のような、肝心な身分証明になるんだ。おまえは今、そういった難民なんだよ、わかるかい?

難民という言葉も新しいけれど、一週間もすればこの言葉に、他者に与える自分のイメージが集約されていると気づくでしょう。しかし、この言葉が呼び起こすイメージとは一般的には少し違うから、自分自身を難民と考えるようになるには時間がかかるわ。スカーフで頭を覆った女性、若い男性、子ども、自分より黒い肌をした大勢の人たちが、ドイツへ移送されるのを期待しながらハンガリー国境付近で広い空の下を歩き、待たされ、地面に座ったりしゃがんだりしている。トルコの海岸で、腹ばいの状態で死んでいたシリアの少年の写真をはっきりと覚えているわね。身震いしたはずよ。少年の国籍と肌の色がその運命を決めたように、あなたのウクライナ国籍と白い肌の色が自身の運命を決めるのだとすぐに知るでしょう。新しい国で安全に保護されると、恩人に対する感謝の気持ちに加え、ある種の羞恥心が入り混じったような、不思議な感覚を味わうはずよ。慈善を受けるのは簡単なことではないわ。あなたは助けを必要としていて、そしてそれは屈辱的なことでもあるの。同情に対する苦しみは、あらゆる重荷のなかでも一番過酷なものなのかもしれない。

信じておくれ、おまえは独りじゃないんだよ。私の骨はここに残るけれど、おまえの「スーツケース」のなかで生き続けるさ。でも、最後に注意しておかなければならないことがある。もしかしたら途中で何人かの死者を見かけ、恐怖の冷や汗を感じ、死というものがわかったと思い始めるかもしれない。でもね、私がおまえに伝えたいのはそういうことではないんだよ。もっと努力するんだ。死の危険性を見抜き、自分の背後で凍てつくような息吹を感じ取り、死の顔を見ないようにする方法を学ばなければならないんだ。その能力がおまえの命を救うんだよ。アパートから持ってきた物じゃないからね。早く覚えておくれよ、わかったね……


おばあちゃんの声が遠くなっていく。

ほら、夜明けの淡い光が見えるでしょう。発たなくてはならない徴。

その重たい恐怖のスーツケースは、床の上に開いたままにして行きなさい。

泣かないで。

笑顔でドアを閉めて。恐怖はもう重荷なんかじゃないわ。あなたは強くなった。あなたのなかにあるものすべてを奪うことなんて誰にもできないの。

もうあなたはれっきとした難民なのよ。覚悟はできているでしょう。


（二〇二二年）

「あまりにうるさかったので撃ちました」

ヴァディム・シシマリンは、坊主頭で頬骨が高く、ややつり上がった目をした痩身の二一歳。キーウから東へ約六〇〇〇キロの、シベリア地方イルクーツク州ウスチ・イリムスクで生まれ、二月にロシア占領軍とともにキーウへ入った。その顔は少年の顔そのもの。真剣な眼差しで、恥ずかしそうに頭を下げている。

母親のリュボフは、「この子は『ママ、愛しているよ』と電話をかけてくるような子なんです。誰に聞かれようが気になんかしません。もしくは私のところにやってきて、ハグとキスをしてくれます。若い男がママに愛していると言うなんて馬鹿げていると言う人もいますが、息子はそういう子で、とても優しいんですよ……。わざと命を危険にさらそうなんてしません。だって、まず私がどうなるかを考えるでしょうから」と語る。

しかし、ヴァディムをごく普通の外見や、母親の美しい言葉だけで判断してはならないだろう。ここ数日、あらゆるメディアで目にする写真では、同年代の若者のようにグレーのパーカーを着ている。ただこの写真はキーウの裁判所で撮られただけであって、普段は制服を着ているのだ。ヴァディムは戦車部隊の軍曹で、ウクライナで行われた戦争犯罪の最初の被告となった。彼の裁判はここ数週間大きな関心を呼んでいる。

若いヴァディムが起訴されたのは、二月二八日にチュパヒフカ村で車列を攻撃した後、車で逃走中の他の四人の兵士とともに、自転車に乗りながら電話をかけていた六二歳のオレクサンドル・シェリポフを殺害したためである。上官の命令に従ったと言っても、その上官の名前は不明であるし、後に殺害されたとも伝えられている。自首した二日後にヴァディムは逮捕された。

母親は取引や身柄引き渡しをするつもりはない。私の子、とヴァディムのことを呼ぶ母親は、息子について学校では優秀で友達思いの生徒だったし、父親のいない家庭を助けるために職業軍人となるのには反対していたのだと繰り返している。リュボフによれば、継父は通り魔に遭ったため、彼女一人で残された五人の子どもの面倒を見ることになったという。「ヴァディムには大学に行って欲しいと思っていました。行って勉強しなさい、一年間の学費は私が出すから後は自分で貯めなさい、と伝えました」と言う。ヴァディムは職業専門学校を卒業すると、モスクワの自動車整備会社に就職した。ウスチ・イリムスクでは若者のための仕事も機会もほとんどない。そして二〇一九年に徴兵され、除隊の後職業軍人として契約を結ぶことに決めた。軍隊は安定した仕事と給料を意味していた。他の兵士たちと同じように、まさか前線に送られるとは思ってもみなかったのである。

そうしてヴァディムは、これまでなじみのなかった土地の一つウクライナに派兵された。短時間の任務で、入国して出て行くだけだと言われていた。知人のなかには帰国する者もいたが、ヴァディムはそうはいかなかった。

三月一日にヴァディムが逮捕されたという知らせが入るまで、母親はウクライナでの戦争のことも、息子がウクライナにいることも知らなかったという。

証言によると、その経緯は以下の通りである。

シシマリン自身は公聴会で、シェリポフの殺害はまずマケエフ将校が命じたと述べた。ヴァディムは最初命令を拒否した。しかしその後見知らぬ別の将校が、民間人はウクライナ軍に自分たちの位置を報告可能なのだと言い、脅迫めいた口調で命令を繰り返した。やむなくシシマリンはカラシニコフで自転車に乗ったシェリポフを撃ったという。被害者の妻の他に、隣人のイホル・デイコンが自宅のすぐ近くで起きたこの殺人事件を目撃しており、「両手を広げて仰向けに倒れ、左腕の横には携帯電話が落ちていました。生きている気配はありませんでした。頭蓋骨の一部が欠けていて、白い塊が見えていました」と述べている。

ロシア兵のイワン・マルティソフも殺害について証言しており、シシマリンとともに自首している。シシマリンは法廷で、車内にいた見知らぬ将校の命令に従ったのだとし、「状況が非常に緊迫していて、将校に怒鳴りつけられたので……。あまりにうるさかったので撃ちました」と説明した。その後戦闘意欲をなくし、ウクライナへの投降を決めたのだった。

数人のロシア兵が盗んだ車で逃亡を図ろうとする状況は、想像に難くない。軍曹が民間人を殺せと言ったときヴァディムは拒否した。でも別の軍曹が「あいつを殺せ、ウクライナ軍に我々の位置を教えることになるんだぞ」と叫び、ようやくシシマリンは発砲した。従わなければ自分の身が危険にさらされるという恐怖からパニックに陥ったのだ。裁判で弁護士が指摘したように、「殺意はなかった」。翌日には逮捕され、五月の裁判で有罪を認めている。シシマリンは殺害を自白しただけでなく、被害者の未亡人カテリーナ・シェリポフに懺悔し、哀悼の意をも表している。カテリーナにしてみれば人生の支えであった夫が殺されたという事実に加え、この事件をより惨たるものにする詳しい説明を織り交ぜていた。カテリーナは、自宅からそう遠くない場所で夫の殺害現場を目撃したと法廷で認めており、なんと「夫の脳を見ました」と言い添えたのである。すなわち、隣人デイコンが声明の中で言及した「白い塊」である。

この裁判全体を見ても、妻カテリーナの述べた言葉ほど恐ろしい言葉、重い告発はないだろう。「夫の脳を見ました」と言ったのみで、言い足しも説明もしなかった。それだけで十分だったのだから。脳はたとえ死人であっても、誰にも見られはしない人間の神髄そのものと言ってよい。頭蓋骨を割るのは心臓を撃つのと違って拷問さながらの悪質な行為である。人間の存在としてはもはや完全ではなくなってしまうのだから。

リュボフは、息子が殺人を実際に犯したと思うかと記者に問われると、「故意ではありませんよ、もちろん。そんなつもりはまったくないと思います。そこにただいるだけの人を殺す？いえいえ、もちろん違いますとも。何をおっしゃっているのですか？　息子は誰に対しても手なんて挙げやしません」と答えている。

一人の好青年、まともで善良な母親の息子が——彼女を信じてみたらいいではないか——重大な戦争犯罪の被告としてキーウの法廷に立たされている。シシマリンは生まれながらの殺人者であり、怪物なのだろうか？　シェリポフが自転車で転倒し、脳みそが地面に流れるのを眺めながら、自分の力を楽しむような若者なのだろうか。少なくともシシマリンによる未亡人への供述と後悔の言葉、それから経歴から判断すればそうとも言えないだろう。シシマリンの「あまりにうるさかったので撃ちました」（だから僕を怒鳴りつけたり、脅したり、自転車に乗る男性が電話で僕ら兵士のことをばらすのではないかとパニックになるのを上官にやめてほしかった）という言葉が、その理由を的確に表している。逃亡、混乱、命令を拒否した場合に起こる結果に対する恐怖も動機に加えてもいい。従ってシシマリンの事件からは、撃った犯人の過去や性格ではなく、状況が行動に決定的な影響を与えたという結論が導き出されるのである。

これは、有罪判決を受けた戦犯ドラジェン・エルデモヴィッチの事例を想起させる。一九九五年七月、ヴァディムよりわずかに上回る年齢だったエルデモヴィッチは、ボスニアのセルビア軍の一員としてスレブレニツァのボシュニャク人に対する大量射殺への参加を拒否したために、殺すか殺されるかの選択を迫られる状況下に置かれていた。ハーグの旧ユーゴスラヴィア国際刑事裁判所（ＩＣＴＹ）は、エルデモヴィッチが死の恐怖下で射殺を強要されたことを認めている。エルデモヴィッチと同様ヴァディムも怪物などではなく、相手に共感し、自分の罪を告白し悔い改めている。でも裁判が開かれた時期や状況ゆえか、情状酌量はされず過剰とも見受けられる量刑が下されたのであった。話題を戻せば、五月二三日に裁判所はこの戦争で初めての法的判断となるヴァディム裁判において、戦争法規・慣例違反と計画的殺人の罪状で最高刑の無期懲役を言い渡した。当裁判はウクライナにおけるロシア兵の戦争犯罪の初裁判であったため、ヴァディムの自白と悔恨を含む弁明を、裁判所が尊重してくれようとは到底思えなかった。裁判は何をおいても他者への見せしめであって、象徴的には罰と同じなのだ。裁判の目的は主に、戦争犯罪が行われた際被起訴者の有無にかかわらず、早急な裁判の必要性を示すことである。

報道によれば、ウクライナのイリーナ・ヴェネディクトヴァ検事総長は、迅速な裁判に向けて、戦争犯罪の訴訟をすでに四〇件以上公訴を立件したとのことだ。同類の犯罪は、現時点で約一万件起きていると推定されている。戦争犯罪は即座に処罰されるのだとロシア軍に示すために、ウクライナは裁判を急いだのだ。だが、戦時における性急な裁判は非常にまれな慣行であるがために、もとよりジュネーヴ条約への違反を指摘する弁護士もいる。

さらに言えば、戦争が継続している間に敵国の兵士（戦争犯罪を犯した場合は自国兵も含む）に対し正当な処罰を下すのは容易とは言えない。ユーゴスラヴィア紛争を担当したハーグのＩＣＴＹのような、ロシアによる犯罪を裁く国際法廷を提唱する人々にとっては有利に働くかもしれない。国際裁判所も他の裁判所と同様、公平性に問題があるのだと私たちも経験上わかっている。だが今ひとつの裁判の歴史的な任務とは、戦争の真実の立証である。これは長い忍耐と出費を重ねるプロセスを要するものだが、ＩＣＴＹではその任務の大部分が果たされた。そのため戦争犯罪に関する国際法廷の成立与件である被告の他国への出廷をロシアもアメリカも承認していない現状では、いずれにしても限界を有するのではあるが、国際法廷の方がより良い解決策であるように思えるのだ。古くから反復される警告の声さながら、ヴァディムの母親の言葉が最後に残る。「私たちの若者も、ウクライナの若者もかわいそうでなりません。私の子どものようにそこで死んでいくのですよ。誰かの夫で、誰かの息子……。どうしてこんなに人が死ぬのかわからないわ」。一人のロシアの母親、犯罪者の母親が何を口にしようとも、間違いなく普遍的な母の嘆きのように聞こえてくる。すべての母にとって、戦争は同じなのだ。

（二〇二二年）

悪の凡庸さに抗う

示唆に富むドラクリッチのエッセイ

マリヤ・オット・フラノリッチ

「毎日あらためて、より強烈に、陳腐そのもののアンチテーゼに胸が衝かれる思いがする。ラジオ、飛行機、トーキーといったものすごいものが造りだされた一方、この異常なまでの愚かしさ、野蛮さ、残虐さといったものが根絶やしにされる気配はいっこうにない。すべての発明は、とどのつまりは殺害と戦争に帰結する」(1)

ヴィクトール・クレンペラー

ウクライナの戦争を見守り始めてからというもの、我々は、より良い生活を求め重いリュックを背負う人々の悲痛な姿、砲撃、避難所、泣き叫ぶ声、重火器、荒廃した高層ビル群といっ

(1) ヴィクトール・クレンペラー『私は証言する――ナチ時代の日記［一九三三－一九四五年］』小川フンケ里美、宮崎登訳、大月書店、一九九九年、九三頁。

た光景を、一九九〇年代のユーゴスラヴィア紛争と比較せざるを得ない。すべてが似ている。現に「同じ」なのだと考えている――政治的レトリックから露わとなった凄惨な日常生活に至るまで。数々の戦争シーンは再び我々に衝撃を与え、しばらく後に悲嘆をもたらすのみで、やがてその光景を日常の一部として物憂げに受け入れるようになる。そして、どうしてこんなに早く日常と折り合いをつけられるのか、戦争状態がいかに迅速に常態化するのかと自問するのだ。

一人ひとりの人生の最も親密な部分にまで入り込む社会現象としての戦争――戦争は、戦闘そのものから遠く離れた人々にも影響を与えるのだから――をより理解するために、スラヴェンカ・ドラクリッチのエッセイを読むべきである。この有名なジャーナリスト兼作家は、長きにわたり自身のテクストにおいて常識を疑い、切迫した人生に立ちすくんではならないと常に我々に関与と責任を求めてきた。一九八〇年代半ばに出版した『フェミニズムの大罪』以来、ドラクリッチのエッセイは深刻な政治・社会現象を日常的な「虫」の視点から紡いできた。さまざまな現象を見つめ直しながら、著者は常に我々に思考し、人間の行動において何が許容されるかを理解するうえで、自らの限界を押し広げるよう促し続けている。

例えば、エッセイ集『彼女の肉から成る肉体』（*Tijelo njenog tijela*）において、著者は見ず知らずの人に臓器提供する実在の人物について語り、何が人々をかくの如き超人的な利他主義へと突き動かしたのかを考察している。一方、『彼らは虫も殺せない』に収められているエッセイでは、究極の悪について、それからいわゆる普通の人々がある状況下では想像しうる最悪の残虐行為に手を染める戦争犯罪者へと変貌する様を語っている。

この二冊はいずれも心を深く揺さぶる作品である。『彼女の肉から成る肉体』を読み、他人への腎臓提供を思いつかなかったとしたら、自分たちは一体どれほど非人間的なのだろうかと思わされる。『彼らは虫も殺せない』を読めば、突如人を憎み、殺してしまうような人間を知っているだろうか、あるいは自分たちもある状況下に置かれたら同じかもしれないと考えるようになる。ハンナ・アーレントの言う「悪の凡庸さ」は、本当にありふれたものなのだろうか?

悪の凡庸さの思考の流れは、読者が今手にしている本『戦争はいつでも同じ』にも見られる。多くのエッセイを通じて、スラヴェンカ・ドラクリッチは我々個人の生活が外部環境によって決定され、個人は常に政治的で（特に旧社会主義国では、生活のあらゆる細部に政治が入り込み、日常生活が左右される）、戦争状態が人間の基礎的な部分を変えてしまうのだと思い起こさせてくれる。新たな外部環境、新たな日常をもたらすことで、戦争は我々を変化させ、生存への衝動へと駆り立てる——そして人間の最良の一面のみならず、最悪の一面も見せる機会をもたらす。我々は長い間、技術の進歩は道徳的な進歩を伴わない、そして歴史は何度も繰り返されるのだと認識してきた。生活環境は変化するものであるし、我々は思考する存在として常に自分たちを取り巻く状況を分析し、より良い方向へと変化させようとする義務がある。

我々は読むことによって世界の理解を広げていく。エッセイは著者との対話に理想的な形式である。読者にさまざまな問いを投げかけながらも、さらなる思考を促すためにすべての答えを与えるわけではないからだ。クロアチアにおいて、文学、ジャーナリズム、理論の融合としてのエッセイは伝統的にあまり評価されていないようだから、本書はいっそう重要である。アカデミズムの世界では、学者など狭い読者層を対象とした理論的な文章が書かれ、一方ジャーナリズムではごく稀な例外を除けば平凡でドライな情報発信に終始してしまっている。スラヴェンカ・ドラクリッチのエッセイのスタイルは対照的で、個人的にも文学的にも理論的な言説と結びついており、このスタイルはアメリカの作家トルーマン・カポーティが一九五〇年代後半に始めたいわゆる「ニュー・ジャーナリズム」から生まれたものだ。これはノンフィクション・ノベルとしてのエッセイであり、数々の小説を書いてきたスラヴェンカ・ドラクリッチが好むのも無理はない。

これらのエッセイ——どこからどこまでが記事で、どこからが物語なのかがわかりにくい場合もある——は、戦争や反戦について情報を得たい、考えたいという読者にとって理想的だ。戦争に関する新聞記事を読み、死者や負傷者の数を目にし、ラジオで戦闘により新たな市民の命が奪われ、砲弾で新たに建物が破壊されたと聞くと、我々は容易に現実に慣れてしまう。そしてあらゆる苦しみが、自分たちとはほとんど関係のない、隔たりのある統計へと還元してしまう危険性が高い。しかしながら、スレブレニツァで息子を亡くした母親の心情や経験に入り込み、偶然にも銃撃を生き延びた青年の話を聞き、故郷を離れた難民の心情に光を当て、彼らの運命にとっぷりと身を投じられるならば、我々は共感できる状況に身を置き、結果としてより深く理解できるようになる。遠い存在であったかもしれない話題が身近で、自分自身の本質にまでかかわるテーマと化し、戦争の恐怖は我々自身の人格と切り離せないものとして理解され始める。

言葉は大砲に対抗できないし、理性は理不尽と侵略に対抗できない。だがスラヴェンカ・ドラクリッチのエッセイを読めば、戦争は両陣営に、あらゆる面から不幸をもたらし、誰もが完全に無傷では済まされはしないのだと明らかとなるだろう。戦争という現実の核心について、そして戦争がなぜ我々の生活に深く根付いているのかを考えようと思うはずだ。

本書のエッセイを読めば、戦争は永続的であり、人間の内には絶えず侵略を働きかける呪われた何かがあり、我々は常に「文明の行き詰まり」、全人類の次元で一種の敗北を目の当たりにしているのだと結論づけられる。というのも、人間は基本的には攻撃的で理不尽な動物であり、ネット・サーフィンや宇宙への飛行は偶然身に付けたように見えるからだ。一九九〇年代のボスニア紛争の写真は、今日のウクライナで撮影されたものであってもおかしくない。どんな戦争でも人間の苦しみは同じなのだから。

一方で、スラヴェンカ・ドラクリッチのテキストに我々は慰められもする。思考だけでなく、抵抗をも促してくれる。人は攻撃的で影響されやすく、状況によっては想像を絶する残虐行為に手を染め得る非人間的な存在にもなりかねないが、多くの善意、利他的行為、光、希望と愛、そして何より理性もあるのだと我々に伝えようとしているかのようだ。だからこそ気を緩めてはならず、社会や歴史の理解を他人任せにしてはならない。我々自身がすべての責任を負っているのである。選挙で選んだ支持する政治家に対しても、我々が語る過去に関する物語（また、執拗に沈黙を守る人々）に対しても、さらには爆弾で始まったのではない、言説や民族主義のイデオロギーの拡大から始まった戦争に対しても然りである。単純かつ白黒はっきりした解決策を提示し、狭量で危険である民族主義的な未来像へと我々を導くデマゴーグに身を委ねてはならない。

スラヴェンカ・ドラクリッチのエッセイは、深刻なテーマを直接的かつシンプルに執筆可能だと示すだけにとどまらず、反戦のあらゆる取り組みが重要であると気づかせてくれる――語り、記録し、記憶し、犠牲者の声に耳を傾け、彼らの運命を伝え、理性を育み、特に若い世代を、「我々」と「彼ら」という危険な二項対立から逃れられない民族主義から解放するために全力を尽くす必要がある。それを待つには及ばない。今すぐに行動すべきだ。この危険な分裂が解消されない限り、戦争は目を覚ますことのできない悪夢のように永久に続きかねないのだから。

戦犯を待ち受けていたものは?

ラドヴァン・カラジッチ　Radovan Karadžić（一九四五－　）
精神科医、詩人、政治家、戦時中のスルプスカ共和国大統領。旧ユーゴスラヴィア国際刑事裁判所により、スレブレニツァの住民に対する大量虐殺を含む戦争犯罪の罪で終身刑を宣告される。

ラトコ・ムラディッチ　Ratko Mladić（一九四二－　）
クロアチアのユーゴスラヴィア軍の参謀総長を務めた後、一九九二年から一九九五年までボスニア・ヘルツェゴヴィナのセルビア軍を指揮。戦争犯罪、人道に対する罪、ジェノサイドの罪で終身刑を宣告される。

スロボダン・プラリャク　Slobodan Praljak（一九四五－二〇一七）
映画監督、クロアチア軍司令官。戦争犯罪で二〇年の禁固刑が確定した後、自殺。
監督作品には『ウナギはサルガッソーへ向かう』*Jegulje putuju u Sargasko more*（一九七九年）、

『カタリナ・コズールの帰郷』*Povratak Katarine Kožul*（一九八九年）などがある。

ドラゴリュブ・クナラツ　Dragoljub Kunarac（一九六〇－　）

ラドミル・コヴァチ　Radomir Kovač（一九六一－　）

ゾラン・ヴコヴィッチ　Zoran Vuković（一九五五－　）

旧ユーゴスラヴィア国際刑事裁判所において、フォチャ事件での拷問、レイプ、女性の奴隷化の罪で裁かれた三人組。それぞれ順に、二八、二〇、一二年の禁固刑を言い渡される。

スロボダン・ミロシェヴィッチ　Slobodan Milošević（一九四一－二〇〇六）

セルビアの政治家、元セルビア共和国、ユーゴスラヴィア連邦共和国大統領、セルビア社会党党首。戦争犯罪で起訴される。裁判中、シェベニンゲン拘置所で死亡。

ビリャナ・プラヴシッチ　Biljana Plavšić（一九三〇－　）

科学者、スルプスカ共和国大統領。戦争犯罪で一一年の刑を宣告される。

ジェリコ・ラジュナトヴィッチ・アルカン　Željko Ražnatović Arkan（一九五二－二〇〇〇）

札付きの犯罪者で、セルビアの準軍事組織「セルビア義勇親衛隊」の指導者。旧ユーゴスラヴィア国際刑事裁判所により戦争犯罪で起訴、身柄引き渡しの前に殺害される。

ゴラン・イェリシッチ　Goran Jelisić（一九六八－　）
収容所警備員、旧ユーゴスラヴィア国際刑事裁判所から人道に対する罪と戦争法規慣例違反で四〇年の禁固刑を宣告される。

ドラジェン・エルデモヴィッチ　Dražen Erdemović（一九七一－　）
ボスニアのセルビア軍第一〇破壊工作分遣隊の兵士。スレブレニツァで非武装のボシュニャク人数百人の処刑に参加。旧ユーゴスラヴィア国際刑事裁判所において有罪を認めた最初の被告人。別の訴訟手続きでも証言し、犯行の詳細な証拠を提供。五年の禁固刑を言い渡される。

出典一覧

戦争がはじまるとき　Kad počinje rat
“Kad počinje rat,” *Danas*, 9 April 1991, 23.
初出はクロアチア語

熊と飼育員の物語　Priča o medvjedu i čuvaru
“Zgodba o medvedu i čuvaju,” *Delo*, 21 November 1992.
初出はスロヴェニア語（アニータ・ペティ＝スタンティチ訳）

三羽の鶏　Tri kokoši
“Tri kokoši”, *Delo*, 4 December 1992, 26.
初出はスロヴェニア語（アニータ・ペティ＝スタンティチ訳）

私たちを罪から救う怪物　Čudovište koje nas spašava od naših grijeha
“Monstret tar bort vår egen skuld,” *Dagens Nyheter*, 18 April 1993.
初出はスウェーデン語（イヴァナ・ラムリヤク訳）

なお、本書のうち四篇はすでに邦訳されている。今回はクロアチア語版からの新訳となり、著者による加筆修正も加えられている点も記しておきたい。三谷恵子訳「怪物が必要なわけ」、『バルカン・エクスプレス　女心とユーゴ戦争』三省堂、一九九五年、二二七-二三五頁。

死のクローズアップ　Smrt u krupnom planu

"Close-up of death", *Index on Censorship*, 22（7）1993, 17.

初出は英語（ハナ・サマルズィヤ訳）

三谷恵子訳「死と生と」、『バルカン・エクスプレス　女心とユーゴ戦争』三省堂、一九九五年、二〇一-二〇五頁。

ラブストーリー　Ljubavna priča

"Love story," *The New Republic*, 25 October 1993, 14-16.

初出は英語（ハナ・サマルズィヤ訳）

三谷恵子訳「ラヴ・ストーリー」、『バルカン・エクスプレス　女心とユーゴ戦争』三省堂、一九九五年、二〇七-二一四頁。

未来までずっと残るはずだった橋　Most koji nas je trebao nadživjeti

"Falling down", *The New Republic*, 13 December 1993,14-15.

初出は英語（ハナ・サマルズィヤ訳）

三谷恵子訳「橋が落ちる」、『バルカン・エクスプレス　女心とユーゴ戦争』三省堂、一九九五年、二一五-二二〇頁。

ウィーンでクリスマス・ショッピング　Božićni šoping u Beču
“Christmas shop in Vienna”, *The European*, 24-30 December 1993, 12-13.
初出は英語（ハナ・サマルズィヤ訳）

他者について、三人の独白　Tri monologa o drugima
“Tri monologa o drugima,” *Nepoznati susjed: antologija s jugoistoka Europé*, Zagreb: Durieux, 1997, 93-106.
初出はクロアチア語

ベルリンの冷たい風　Hladan vjetar u Berlinu
“Hladan vjetar u Berlinu,” *Zarez*, 5 March 1999.
初出はクロアチア語

悪党と化した知識人　Intelektualci kao negativci
“Intellectuals as bad guys,” *East European Politics and Societies*, 13（2）, 1999, 271-277.
初出は英語（ハナ・サマルズィヤ訳）

沈黙を望まぬ女たち　Žene koje nisu željele šutjeti
“Bosnian women witness,” *The Nation*, 19 March 2001, 5-6.
初出は英語（ハナ・サマルズィヤ訳）

ミロシェヴィッチとセルビア人、そしてほうれん草のクリーム煮　Milošević, Srbi i špinat
"Milosevic, die Serben und der Spinat," *Die Welt*, 2 July 2001.
初出はドイツ語（ルヤナ・イェーガー訳）

ビリャナ・プラヴシッチ、懺悔者にして嘘つき　Biljana Plavšić, pokajnica i lažljivica
既刊の二つのエッセイで構成
一、"Radikalismus der Reue," *Süddeutsche Zeitung*, 16 January 2003.
初出はドイツ語（ルヤナ・イェーガー訳）
二、"The false repentance of Biljana Plavšić," *Eurozine*, 23 October 2009.
"Lažno pokajanje Biljane Plavšić," *Peščanik*, 5 November 2009.
初出はクロアチア語

決して届くことのなかった救いの手　Pomoć koja nikada nije stigla
"Hilfe, die nicht kam," *Arte*, (7) 2005, 14.
初出はドイツ語（ルヤナ・イェーガー訳）

犯罪の陰に女あり！
"Cherchez la femme!," *Frankfurter Rundschau*, 16 March 2006.
初出はドイツ語（ルヤナ・イェーガー訳）

ラドヴァン・カラジッチvs.虫　Radovan Karadžić protiv mrava
"Das absurde Leben des Doktor Dabic," *Süddeutsche Zeitung*,（177）31 July 2008.
初出はドイツ語（ルヤナ・イェーガー訳）

いまだベオグラードへ旅立てない理由　Zašto još nisam otputovala u Beograd
"Why I have not returned to Belgrade," *Eurozine*, 6 February 2009.
初出は英語（ハナ・サマルズィヤ訳）

誰がムラディッチの責を負うのか　Tko je odgovoran za Mladića?
"Mladic in uns selbst," *Neue Zürcher Zeitung*, 1 June 2011.
初出はドイツ語（ルヤナ・イェーガー訳）

「喉が渇いて死ぬなんて惨めだ」　Bilo mi je žao da umrem žedan
"Bilo mi je žao da umrem žedan," *Srebrenica Today*, 7 July 2015, 7.
初出はクロアチア語

額装された悪　Ovjekovječeno zlo
"Evil, framed," *Eurozine*, 21 November 2017.
初出は英語（ルヤナ・イェーガー訳）

聴衆へのパフォーマンス　Predstava za publiku: javno samoubojstvo Slobodana Praljka
"Playing to the audience: the televised suicide of Slobodan Praljak," *Eurozine*, 12 December 2017.
初出は英語（ルヤナ・イェーガー訳）

八四番の男の子　Dječak broj 84
"Boy Number 84," *Public Seminar*, 19 October 2020.
初出は英語

ラトコ・ムラディッチは怪物か　Je li Ratko Mladić monstrum?
"Ratko Mladić nije monstrum, to je teška istina s kojom se moramo suočiti," *Jutarnji list*, 6 June 2021.
初出はクロアチア語

森の沈黙　Tišina šume
"Tišina šume. Priča Slavenke Drakulić o posljednjem satu u životu Aleksandre Zec," *Jutarnji list*, 11 December 2021.
初出はクロアチア語

戦争は怪物である　Rat je čudovište
"Rat je čudovište," *Jutarnji list*, 26 February 2022.
初出はクロアチア語

恐怖のスーツケース　Kovčeg straha

"Emotional baggage," *Index on Censorship*, 51（2）2022.

初出は英語

「あまりにうるさかったので撃ちました」

"Pucao sam zato da me puste na miru," *Jutarnji list*, 28 May 2022.

初出はクロアチア語

著者について

スラヴェンカ・ドラクリッチ。ジャーナリスト、作家。一九四九年リエカ生まれ。ザグレブ大学で比較文学および社会学を専攻。クロアチア語と英語での著作があり、二〇か国語以上で翻訳されている。アメリカのペンギン社からも出版し、六度の受賞。ノンフィクションでは、主に社会主義時代の日常生活、旧ユーゴスラヴィアやヨーロッパでの戦争を取り上げている。処女作『フェミニズムの大罪』（*Smrtni grijesi feminizma*, 1984）は、東欧におけるフェミニズムの芽吹きに寄与し、最近フラクトゥラ社（*Fraktura*）から増補版が再出版された。この後『私たちはいかに共産主義生き抜き、笑い飛ばしたか』（*Wie wir den kommunismus uberstanden und dennoch lachten*, 1991）、『彼らは虫も殺せない』（Oni ne bi ni mrava zgazili, 2003）、『カフェ・ヨーロッパ』（Café Europa, 1996／邦訳一九九八年）、『バルカン・エクスプレス』（The Balkan Express, 1993／邦訳一九九五年）、『彼女の肉でできた肉体』（Tijelo njenog tijela, 2006）、『共産主義の寓話』（Basne o komunizmu, 2009）といったタイトルが続く。『カフェ・ヨーロッパ』は続編『カフェ・ヨーロッパ再訪』（Café Europa revisited: How to survive post-communism, 2022／邦訳『ポスト・ヨーロッパ』二〇二三年）が出版されている。最新のエッセイ集『戦争はいつでも同じ』は、一九九一年から現在に至るまで、主に国外の新聞や雑誌に掲載された戦争の実態に関する文章が集められたものだ。

スラヴェンカ・ドラクリッチは自身の文学作品において女性の身体、病気、トラウマに関心を寄せているが、有名な芸術家たちとともに生きたクリエイティブな女性の人生についても執筆している。小説『恐怖のホログラム』（*Hologrami straha*, 1987）、『大理石の肌』（Mramorna koža, 1989）、『私が存在しないかのように』（*Kao da me nema*, 1999）、『神の飢え』（Božanska glad, 1995）、『フリーダ、あるいは痛みについて』（Frida ili o boli, 2007）、『被告人』（*Optužena*, 2012）、『ドラとミノタウロス：ピカソとの生活』（*Dora i Minotaur: Moj život s Picassom*, 2015）、『ミレヴァ・アインシュタイン、悲しみの理論』（*Mileva Einstein, Teorija tuge*, 2016）、短編集『見えない女性、その他の物語』（*Nevidljiva žena i druge priče*, 2018）を出版している。

クロアチアとスウェーデンを行き来する生活。国内外の新聞や雑誌に記事やコラム、政治評論を発表している。

詳細は：http://slavenkadrakulic.com

訳者略歴
栃井裕美（とちい・ひろみ）
2003年～2007年セルビア共和国留学。2007年ベオグラード大学哲学部修士課程修了。2010年～2013年日本学術振興会特別研究員。5年間のシンガポール滞在の後帰国。訳書に『ポスト・ヨーロッパ―共産主義後をどう生き抜くか』（人文書院、2023年）、共著書に『学問の森へ―若き探求者による誘い』（中部大学、2011年）。

戦争はいつでも同じ

2024年10月20日　初版第1刷印刷
2024年10月30日　初版第1刷発行

著　者　スラヴェンカ・ドラクリッチ
訳　者　栃 井 裕 美
発行者　渡 辺 博 史
発行所　人 文 書 院

〒612-8447
京都市伏見区竹田西内畑町9
電話　075-603-1344
振替 01000-8-1103

装　幀　鎌内　文
装　画　沢　朱女
印刷・製本所　モリモト印刷株式会社

落丁・乱丁本は小社送料負担にてお取り替えいたします

ISBN978-4-409-24165-3 C0036